23 MINUTOS EN EL INFIERNO

BILL WIESE

23 MINUTOS EN EL INFIERNO

BILL WIESE

CASA
CREACIÓN
A STRANG COMPANY

23 minutos en el infierno por Bill Wiese
Publicado por Casa Creación
Una compañía de Strang Communications
600 Rinehart Road
Lake Mary, Florida 32746
www.casacreacion.com

A menos que se indique lo contrario, todos los textos bíblicos
han sido tomados de la versión Reina-Valera, de la *Santa Biblia*,
revisión 1960. Usado con permiso.

Originally published in English under the title:
23 Minutes in Hell
Copyright © 2006 by Bill Wiese
Published by Charisma House, A Strang Company,
Lake Mary, FL 32746

Traducido por: Belmonte Traductores
Diseño interior por: Grupo Nivel Uno, Inc.

Library of Congress Control Number: 2006929110

ISBN: 978-1-59185-935-2

Impreso en los Estados Unidos de América

09 10 11 ❖ 9 8 7 6

[Reconocimientos]

MI MÁS PROFUNDO AGRADECIMIENTO...

Al Señor Jesucristo, quien me ha salvado del pozo del infierno, por lo cual estoy eternamente agradecido, y ha bendecido mi vida. Gracias por darme el privilegio de compartir tu Palabra y este testimonio. Mi esposa y yo nos sentimos más que honrados de ser parte de tu gran obra.

Holly McClure, por tu inextinguible entusiasmo y continuo apoyo desde el día en que Annette y yo te conocimos; aún me sigue sorprendiendo lo mucho que Dios bendijo aquella entrevista inicial en tu programa de radio en 1999. Agradecemos y valoramos mucho tu dedicación, experiencia, amistad y compromiso con nosotros. ¡El modo en que Dios te otorgó "acceso inusual" para compartir este mensaje sigue sorprendiéndonos!

Mike Paquette, por tu firme compromiso con esta obra y por ayudarme con tantos aspectos de este ministerio. Eres un amigo de verdadera confianza que lleva a un nuevo nivel las palabras *lealtad* y *dedicación*. Tu actitud de "nada es imposible" es siempre admirada. Doy muchas gracias al Señor por haberte conocido.

Hal Linhardt, por tu compromiso con el Señor y por compartir este testimonio con incontable cantidad de personas, lo cual ha dado como resultado la salvación de muchos. Gracias por tu continuo apoyo y amistad.

Dane Bundy, por tu excelente investigación sobre muchos de los pasajes bíblicos y tu humilde actitud. ¡Gracias, Dane! Mi buen amigo Greg, que es como un hermano. Valoro tu amistad, tu apoyo y tu integridad más de lo que nunca podrás imaginar. Tu carácter y tu ética son ejemplares. A lo largo de los años, la perspectiva que he obtenido durante nuestras muchas discusiones sobre el "carácter" ha causado un gran impacto en mi vida y ha servido como recordatorio en algunas de las pruebas más difíciles de la vida.

Mi suegro, Stan, sin cuya ayuda con el negocio de bienes inmuebles y las computadoras no podría pasar. Tu excelente ética de trabajo, dedicación y actitud positiva nos han ayudado a atravesar muchos desafíos y fechas límite. Estoy orgulloso de tener como parte de mi familia a un hombre tan recto.

Las muchas otras personas que han orado por nosotros: nuestras familias, nuestros queridos amigos, en especial Steve y Nelly, Lou y los pastores Raúl y Sharon: valoramos su amistad de modo que no puede expresarse con palabras. Ustedes son verdaderamente amigos de pacto.

Finalmente, a mi hermosa y excepcional esposa, Annette, pues sin ella este libro no habría sido posible. Tus muchas horas de oración, fe inconmovible, compromiso y apoyo han sido inapreciables. He sido bendecido con la esposa más estupenda que un hombre podría soñar nunca. Te amaré siempre, mi dama de honor.

Es mi deseo que este libro le haga examinar el tema más importante al que se enfrentará nunca, y que le ayude a tomar la decisión correcta.

—Bill

[Índice]

[Prefacio]

H A HABIDO NUMEROSOS momentos a lo largo de mi vida en que Dios ha citado divinamente a personas que me han cambiado para siempre y me han edificado. Conocer a Bill y a Annette Wiese fue uno de esos "momentos de Dios" para mí.

Conocí a Bill y a su bella esposa, Annette, cuando yo era crítico de cine para varias agencias en los medios de comunicación y tenía un programa de radio en las tardes titulado *Holly McClure en vivo* en San Diego, California. Un día una amiga mutua llamó y me recomendó que entrevistara a un hombre que había asistido a su estudio bíblico y había relatado una experiencia asombrosa que Dios le había dado en el infierno. En aquel momento yo producía mi propio programa, y ya que quedaba poco tiempo para que llegara Halloween, pensé que el tema de alguien que afirmaba haber ido al infierno y haber visto demonios, cuando menos, proporcionaría un estupendo programa de radio.

Tras acordar tener a Bill en el programa aun sin conocerlo, yo naturalmente tenía algunas preguntas sobre su historia, y no estaba segura de cómo resultaría la comunicación con mis oyentes. Pero después de llamarlo y escuchar una breve descripción de lo que experimentó, supe enseguida que él decía la verdad. Su humildad y su carácter recto se transparentaron de inmediato a medida que su dulce voz relataba con calma su espeluznante experiencia. Cuando colgué el teléfono, supe que en lugar de realizar simplemente un estupendo programa de radio, el mensaje de Bill terminaría siendo mucho más. Dios tenía un plan poderoso y un propósito invisible no solamente para aquella hora, sino también para la amistad que esperaba más adelante.

Comencé mi programa con un aleccionador recordatorio de que mi invitado y su tema no eran ni una broma ni un engaño. Mencioné cómo nuestra cultura ha trivializado el tema del infierno hasta tal grado que, de hecho, celebramos con trajes demoníacos, máscaras de demonios y caramelos la fiesta de Halloween, que es la segunda fiesta más comercializada en los Estados Unidos. Añadí que la experiencia de Bill era un lado diferente del infierno, del que ellos no habían oído nunca, y que era aterrador, real y permanente. Les dije que sería más que probable que el testimonio de Bill cambiase sus vidas para siempre. Entonces comenzamos el programa.

Durante toda la hora en que Bill relató su viaje al infierno yo estuve cautivada y fascinada con su detallado relato. No acepté llamadas telefónicas. Al final del programa sencillamente di el número de su localizador porque él no tenía un ministerio, una página web, un libro o un número telefónico al que la gente pudiera llamar. En el momento de finalizar mi programa, el localizador de Bill sonaba una y otra vez. "Viaje al infierno" fue uno de mis programas más populares. Recibí numerosas peticiones de cintas y un aluvión de llamadas telefónicas y mensajes de correo electrónico pidiendo que repitiera la historia de Bill en las semanas y meses siguientes. Bill recibió testimonio tras testimonio del modo en que su mensaje había cambiado las vidas de personas. Algunas de esas historias se presentan en este libro.

Al estar sentados los tres en mi estudio aquella noche, supimos que algo maravilloso acababa de suceder. Cada uno de nosotros sintió la presencia de Dios sobre aquel programa, y supimos que Dios estaba obrando para cambiar los corazones, las mentes y las vidas de quienes habían sintonizado el programa aunque fuera solamente unos momentos. Igualmente supimos que Dios nos había reunido de manera divina para un propósito mayor que el de simplemente una "aparición" en un programa de radio. Aquella noche yo me comprometí a hacer todo lo que pudiera para ayudar a Bill a relatar su historia.

He sido crítico de cine desde finales de los años ochenta, y por eso he comentado miles de películas. Puedo asegurar que al igual que hay incontables personas de fe que piden a Dios que los ayude a escribir o a crear un mensaje espiritual en películas, no es difícil imaginar que haya también incontables guionistas y artistas de efectos especiales que puedan haber sido influenciados por la esfera demoníaca para describir de manera realista a demonios y al mundo infernal. Nuestra cultura se ha hecho insensible y está condicionada para aceptar varias formas de criaturas demoníacas, caricaturas de Satanás y vislumbres del infierno sencillamente como "entretenimiento".

¿Recuerda los tiempos en que la palabra *infierno* solía ser considerada una maldición? Mi hermana menor repitió lo que había aprendido de los muchachos del barrio y consiguió que le limpiaran la boca con jabón: solamente por haber dicho *infierno*. ¡Oh, cómo han cambiado los tiempos! En la actualidad la palabra ha impregnado nuestra cultura. *Infierno* rara vez se considera una maldición o ni siquiera una "mala" palabra, y con firmeza ha llegado a ser parte de nuestra jerga cultural, una figura retórica que se ha colado en nuestro vocabulario cotidiano. La televisión y las películas nos han inundado con el uso de la palabra, de modo que rara vez notamos cuándo se está utilizando. ¿Cuántas veces ha oído usted a un personaje decir: "Vete al infierno" o "¡No, infierno!", o a alguien utilizar informalmente una frase como "tan caliente como el infierno" en las conversaciones cotidianas?

Ya que el significado de la palabra se ha diluido culturalmente hablando, sería reafirmante descubrir la verdadera definición, el impacto y las consecuencias de que el infierno se predique desde los púlpitos de nuestro país. Pero el mensaje de las llamas del infierno y el azufre del *Infierno* de Dante que se enseñaba hace años en varias denominaciones ya no es un tema popular en las iglesias actuales y "religiosamente correctas". De hecho, el infierno es considerado como "demasiado negativo" por la mayoría de predicadores, quienes tienen miedo de asustar a las personas de sus crecientes congregaciones y de que éstas las abandonen. La idea de que una persona pudiera realmente pasar la eternidad en el infierno parece haber sido borrada de la Iglesia, junto con los absolutos morales.

Aunque Estados Unidos generalmente es considerado un país cristiano, de hecho, hay grandes números de personas que no son cristianas o que no practican ninguna religión. Una reciente encuesta preguntó a más de mil estadounidenses sobre el tema de la vida eterna, y el 67% creía que sus almas irían al cielo o al infierno cuando murieran, mientras que el 24% no creía que existiera ni el cielo ni el infierno. Esa estadística —las personas que no creen que exista el cielo ni el infierno— es la razón de que me apasione con la historia de Bill. Dios ha enviado a Bill con un mensaje de aviso para usted y para sus seres queridos, porque Dios no quiere que nadie pase la eternidad sin Él.

El infierno es un lugar real, pero decirle a la gente que ellos podrían ir allí no es un mensaje fácil o popular. Dios sabía lo que hacía cuando le encomendó a Bill la difícil tarea de compartir su historia; sabía que el carácter de Bill, su integridad, su fe y su piadosa esposa que lo apoya con sus increíbles oraciones guardarían el mensaje con verdad y lo protegerían con honor. Soy bendecida por haber conocido a Bill y a Annette y por contarlos entre mis amigos. Tengo el privilegio de ser parte de este extraordinario regalo de Dios.

—Holly McClure

Una palabra de ADVERTENCIA

El DOMINGO, 22 DE NOVIEMBRE DE 1998, mi esposa, Annette, y yo pasamos la tarde en la casa de uno de nuestros mejores amigos. No sucedió nada inusual aquella noche. Annette y yo llegamos a nuestra casa sobre las 11:00 de la noche, y nos fuimos a dormir un poco antes de la medianoche, inconscientes de que mi vida estuviera a punto de cambiar para siempre en un evento que aún me resulta difícil de explicar. De repente, a las 3:00 de la madrugada del día 23, sin ningún aviso, me encontré a mí mismo siendo arrojado al aire, y luego cayendo hacia el suelo completamente fuera de control.

Aterricé en lo que parecía ser la celda de una prisión. Las paredes de la celda estaban hechas de piedra toscamente labrada y tenían una puerta que parecía estar hecha de gruesas barras de metal.[1] Yo estaba totalmente desnudo, lo cual se añadía a la vulnerabilidad de un cautivo. No era un sueño; yo estaba en realidad en aquel lugar extraño. Plenamente despierto y con conocimiento, no tenía idea de lo que había pasado, de cómo yo había viajado o del porqué estaba allí hasta que se me mostró y se me explicó más adelante durante mi viaje.

Lo primero que noté fue la temperatura. Hacía calor, un calor mucho más fuerte del que la vida podría soportar; hacía tanto calor que me pregunté: *¿Por qué sigo vivo? ¿Cómo podría sobrevivir a este calor tan intenso?*[2] Mi carne debería de haberse desintegrado de mi cuerpo en cualquier momento, pero la realidad fue que eso no sucedió. Aquello no era una pesadilla; era real. La dureza de aquel calor tuvo el efecto de quitarme todas mis fuerzas.

Yo aún no era plenamente consciente de ello, pero había caído en el infierno.

Si es usted como la mayoría de las personas, probablemente haya abierto este libro por pura curiosidad. En algún lugar recóndito de su mente puede que piense: *¿Fue este hombre en realidad al infierno; al infierno de fuego y tormento?* O quizá piense que me estoy inventando toda la historia, porque nadie podría ir al infierno y vivir para contarlo. Podría ser que usted ni siquiera crea que hay un infierno. Si cree usted en un infierno literal, probablemente piense que la única razón por la que Dios enviaría a alguien al infierno sería que esa persona fuera malvada y lo mereciera, ¿no es cierto?

Bien, mi caso no es ninguno de los anteriores. Sí, fui llevado a un infierno ardiente literal, y no, no tuvo nada que ver con haber sido *bueno* o *malo*. La razón por la que se me mostró ese lugar fue para regresar con un mensaje de advertencia. Mi historia no es para condenarle, sino más bien para informarle de que el infierno es un lugar real y que verdaderamente existe. El deseo de Dios es que nadie vaya allí; pero el triste y sencillo hecho es que la gente hace la elección de ir al infierno cada día.

Actualmente en nuestra sociedad, las advertencias sirven para protegernos del daño. Las advertencias no son solamente indicadores de buena gana aceptados, sino que también esperamos que aparezcan en todas las cosas, desde pasta dental hasta bienes inmuebles. Por ejemplo, en la industria de los bienes inmuebles, se escriben contratos para proteger al comprador y para mostrarle todos los hechos conocidos. De hecho, el comprador sería agraviado si a él o a ella no se le diera la información completa.

¿Qué padre amoroso no advierte a su hijo o su hija que no juegue en una calle ajetreada y concurrida?

Cuando el cielo se oscurece y aumenta el viento, consultamos el canal meteorológico local para ver comunicaciones de tornados o huracanes.

¿Por qué, entonces, sucede que cuando Dios nos advierte de lo que sucederá si viajamos por la carretera equivocada enseguida decimos que Él es miope y condenatorio? ¡O decimos que Él es crítico! La verdad es que Él nos advierte porque es un Dios bueno, que nos ama y quiere ayudarnos, guiarnos y protegernos. Personalmente, acepto de muy buena gana sus advertencias en mi vida.

Esta experiencia no es algo que yo pedí ni quise nunca. Al ser de naturaleza conservadora, estar asociado con algo aparentemente tan radical no es cómodo para mí; sin embargo, soy capaz de pasar por alto mi incomodidad a la luz de la perspectiva global de Dios. Desde entonces he descubierto que mi historia coincide con los detalles que da la Escritura acerca del infierno. Esto tiene una importancia mucho mayor que lo que yo tengo que decir.

Mi aterrador viaje pareció durar una eternidad pero, en realidad, duró menos de media hora. Aquellos veintitrés minutos fueron más que suficientes para convencerme de que nunca más quiero regresar, ni siquiera por un minuto más. Y ahora el propósito de mi vida es el de decirles a otros lo que vi, lo que oí y lo que sentí a fin de que cualquiera que lea esta historia sea capaz de tomar las medidas oportunas para evadir ese lugar a toda costa.

Es mi sincera esperanza que este libro sea lo más cerca que usted llegue a experimentar esta realidad por sí mismo.

[NOTAS INTRODUCTORIAS]

1. "A la profundidad del Seol descenderán, y juntamente descansarán en el polvo" (Job 17:16); "La tierra echó sus cerrojos sobre mí para siempre; Mas tú sacaste mi vida de la sepultura" (Jonás 2:6).

2. "Porque fuego se ha encendido en mi ira, y arderá hasta las profundidades del Seol..." (Deuteronomio 32:22); "...sufriendo el castigo del fuego eterno" (Judas 7).

[Parte I]

Mi experiencia en el infierno

[Capítulo 1]

LA CELDA

EN NUESTRO PRIMER ANIVERSARIO, Annette y yo hicimos un viaje a Carmel, California. Era un lugar perfecto para celebrarlo, sentados en la cubierta de uno de nuestros lugares favoritos con vistas a los pintorescos riscos montañosos, árboles y casas que bordeaban el azul Pacífico. El claro cielo de la mañana y las olas que rompían en la costa formaban un perfecto telón de fondo para compartir conversaciones sobre los deseos de nuestro corazón y nuestras metas y sueños para nuestra nueva vida juntos. Yo le mencioné a mi esposa: "Este sea probablemente el lugar más cercano al cielo que nadie pudiera experimentar mientras está en la tierra". Annette estuvo de acuerdo. Ambos teníamos un fuerte sentimiento de que Dios nos había unido para un propósito muy especial.

Al reflexionar en la bondad de Dios en nuestras vidas, una palabra resumía la actitud de mi corazón: *gratitud*. Yo estaba muy agradecido por mi bella esposa y por la vida que compartíamos. Desde el momento en que la vi, supe que ella era para mí, y verdaderamente la considero como un regalo del cielo. Estaba agradecido por mi salud, mi familia, por las facturas pagadas, por la provisión económica y por la paz. Hay algo profundamente satisfactorio cuando uno tiene tales momentos para reflexionar y soñar. ¿Cuál sería el siguiente capítulo que comenzaría en nuestras vidas? Justamente dos semanas después, sin saberlo nosotros, seríamos confrontados con un evento que cambiaría nuestras vidas para siempre.

EL VIAJE

Acabo de compartir con usted el comienzo de ese viaje el día 22 de noviembre de 1998. Aquella fue la noche en que salí catapultado de la cama hasta el pozo mismo del infierno. Mi punto de llegada fue una celda que tenía unas medidas aproximadas de un metro y medio de altura por un metro de anchura y con una profundidad de metro y medio.

Con sus paredes de piedra toscamente labrada y sus barras rígidas en la puerta, me sentí como si estuviera en un área de confinamiento, un lugar donde el prisionero espera sus horas finales antes de encontrarse con un destino mucho más aterrador. Isaías 24:22 dice: "serán amontonados como se amontona a los encarcelados en mazmorra, y *en prisión* quedarán encerrados". Proverbios 7:27 se refiere a "cámaras" de muerte en el infierno.

Al estar en el piso de aquella celda me sentí extremadamente débil. Observé que tenía un cuerpo, que tenía el mismo aspecto que tengo ahora.[1] Levanté mi cabeza y comencé a mirar a mi alrededor. De inmediato observé que no estaba solo en esa celda. Vi dos enormes bestias, muy distintas a nada que yo hubiera visto antes.

Aquellas criaturas tenían una altura aproximada entre tres y cuatro metros.[2] Aquellas altísimas bestias eran mucho, mucho más que intimidantes; una cosa es sentirse amenazado por alguien mucho más alto que uno, pero aquellas criaturas no eran de este mundo natural. Reconocí que eran totalmente malvadas, y me miraban con un odio puro y desbordante, lo cual me dejó totalmente paralizado de temor.

"Maldad" y "Terror" estaban delante de mí. Aquellas criaturas eran una manifestación intensamente concentrada de esas dos fuerzas. Yo seguía sin tener idea de dónde estaba, y sentí un profundo pánico.

Aunque no tenía ningún punto de referencia, no estaba familiarizado con nada de lo que estaba experimentando, y no entendía cómo había llegado allí, aún me seguía enfrentando a la inimaginable realidad de que una muerte tortuosa parecía segura.

> No sé de nadie que haya exagerado el terror del infierno... Debemos temblar y sentir pavor. Debemos retroceder ante esa realidad. No negándola, sino huyendo de ella y acudiendo a los brazos de Jesús, quien murió para salvarnos de ella.[3]
>
> —JOHN PIPER

Las criaturas no eran animales, pero tampoco eran humanas. Cada bestia gigante tenía el aspecto de un reptil, pero adoptaba forma humana. Sus brazos y sus piernas no tenían la misma longitud ni proporciones: eran asimétricas. La primera tenía su grotesco cuerpo lleno de hinchazones y escamas; una mandíbula inmensamente saliente, dientes gigantescos y grandes ojos hundidos.[4] Esta criatura era robusta y poderosa, con gruesas piernas y pies anormalmente largos. Caminaba violentamente de un lado a otro de la celda como su fuera un toro encerrado, y su porte era extremadamente feroz. La segunda bestia era más alta y más delgada, con brazos muy largos y aletas afiladas como cuchillos que cubrían su cuerpo. De sus manos salían garras que casi llegaban a los treinta centímetros de longitud. Su personalidad parecía diferente a la del primer ser; sin duda, no era menos malvada, pero permanecía bastante tranquila.

Yo podía oír a las criaturas hablar entre ellas. Aunque no pude identificar en qué idioma hablaban, de alguna manera podía entender sus palabras. Eran palabras horribles: un lenguaje terrible y blasfemo que vomitaban sus bocas expresando un odio extremo a Dios.[5]

De repente, volvieron su atención hacia mí. Parecían predadores hambrientos con la mirada fija en su presa. Yo estaba petrificado. Al igual que un insecto en una mortal tela de araña, me sentí indefenso, atrapado y congelado de miedo. Sabía que me había convertido en el objeto de su hostilidad, y sentí una violenta presencia malvada como nunca antes había sentido, y mayor que nada que pudiera imaginar. Ellas poseían un odio que sobrepasaba con mucho cualquier odio que una persona pudiera tener, y ahora ese odio estaba dirigido directamente a mí. Yo aún no podía identificar qué eran aquellas bestias, pero sabía que querían hacerme daño.[6]

Yo quería con desesperación levantarme y salir corriendo; pero mientras estaba en aquel horrible piso de la celda, observé que mi cuerpo carecía por completo de fuerza. Apenas podía moverme. ¿Por qué no tenía yo fuerzas? Me sentía indefenso.[7] El Salmo 88:4 dice: "Soy contado entre los que descienden al sepulcro; Soy como hombre *sin fuerza*".

Sabía que lo que sentía era mucho más que debilidad física; sin duda, era debilidad en todas sus formas. Me sentía mentalmente y emocionalmente agotado, aun cuando creía que solamente había estado allí unos minutos. La mayoría de nosotros hemos experimentado una pérdida de fuerza y de energía después de un intenso llanto, angustia emocional o dolor. Tras un periodo de sanidad recuperamos esa fuerza, aunque puede que nos tome años. Sin embargo, en aquel momento yo sentí que nunca habría un tiempo para recuperarme del peso literal que había caído sobre mí: un peso de inútil desesperación.

Dos criaturas más entraron en la celda, y yo tuve el sentimiento de que aquellos cuatro seres me habían sido "asignados". Sentí como si me estuvieran "evaluando" y que mi tormento sería su diversión. Cuando entraron, la luz se desvaneció de repente y todo se volvió completamente oscuro. Yo no tenía idea del porqué había comenzado aquella repentina e intensa oscuridad, pero sentí que la luz que había estado presente había sido una intrusión, y que la atmósfera ahora había regresado a su estado normal de oscuridad. Lamentaciones 3:6 afirma: "Me dejó *en oscuridad*, como los ya muertos de mucho tiempo".

> Pues nuestro Señor Jesucristo considera el infierno no como "hecho para el hombre", sino "hecho para el diablo y sus ángeles". Los seres humanos como tales fueron creados para tener comunión con Dios y para la gloria eterna. Que tales criaturas sean expulsadas para siempre a las tinieblas sin salida para escapar, debiera llenarnos de un sentimiento de horror.
>
> —SINCLAIR B. FERGUSON

Una de las criaturas me levantó; la fuerza de la bestia era asombrosa. Yo podía compararme al peso de un vaso de agua en su mano. Marcos 5:3-4 describe a un hombre poseído por un demonio con estas palabras: "...nadie podía atarle, ni aun con cadenas... las cadenas habían sido hechas pedazos por él, y desmenuzados los grillos". De manera instintiva supe que la criatura que me agarraba tenía una fuerza aproximadamente mil veces mayor que la de un hombre. No puedo explicar cómo percibí esa información. Luego la bestia me lanzó contra la pared, y yo me caí al piso; sentí como si me hubieran roto todos los huesos de mi cuerpo.[9] Sentí dolor, pero era como si el dolor estuviera, de alguna manera, siendo suavizado. Sabía que no había experimentado lo más fuerte del dolor. Pensé: *¿Cómo se ha bloqueado?*

La segunda bestia, con sus afiladas garras y agudas aletas salientes, me agarró entonces desde detrás dándome un abrazo y, al presionarme contra su pecho, sus afiladas escamas penetraron en mi espalda. Me sentí como un muñeco en sus garras en comparación con su enorme estatura. Entonces extendió su brazo, hundió sus garras en mi pecho y lo abrió desgarrándolo. Mi carne colgaba de mi cuerpo a tiras a la vez que volvía a caer al piso.[10] Aquellas criaturas no tenían ningún respeto por el cuerpo humano, por lo maravillosamente que está hecho. Yo siempre me he cuidado comiendo correctamente, haciendo ejercicio y manteniéndome en forma, pero nada de eso importaba, ya que mi cuerpo estaba siendo destruido delante de mis propios ojos.

Yo sabía que no podía escapar a esa tortura mediante la muerte, pues ni siquiera eso era una opción. La muerte penetró en mí, pero me eludió. Las criaturas parecían obtener placer en el dolor y el terror que me infligían. El Salmo 116:3 dice: "Me rodearon ligaduras de muerte, me encontraron las angustias del Seol; angustia y dolor había yo hallado". Oh, yo anhelaba la muerte, pero no llegaría.

> La realidad del infierno está tan lejos de nuestra experiencia que el idioma no puede describirlo adecuadamente.
> —EDWARD DONNELLY

LOS MUERTOS VIVIENTES

Rogué misericordia, pero no la hubo: absolutamente nada de misericordia. Ellos parecían ser incapaces de mostrarla; eran maldad pura. No existía misericordia alguna en aquel lugar. La misericordia viene del Dios del cielo.[11]

La angustia mental que sentí era indescriptible, y pedir misericordia solamente pareció aumentar su deseo de atormentarme más.

Yo era consciente de que no salía fluido alguno de mis heridas; no había sangre, ni agua, ni nada;[12] pero en aquel momento no me detuve a preguntarme por qué. Sentía unas tremendas náuseas a causa del terrible y fétido olor que salía de aquellas criaturas. Era absolutamente asqueroso, fétido y podrido; era, con mucha diferencia, el olor más pútrido que haya encontrado jamás.[14] Si uno pudiera tomar todo lo podrido que se pueda imaginar, como una cloaca abierta, carne podrida, huevos echados a perder, leche agria, carne podrida de animales y azufre, y aumentar mil veces ese olor, podría acercarse a lo que era aquello. No es una exageración. El olor era en realidad muy tóxico, y solamente eso debería haberme matado.

De manera instintiva, sencillamente supe que algunas de las cosas que experimentaba eran mil veces peores de lo que sería posible en la superficie de la tierra: cosas como los olores mencionados, la fuerza de los demonios, el estrépito de los gritos, la sequedad y la soledad que se sentía.

De algún modo me las arreglé para moverme un poco, y me arrastré por el piso hacia la puerta con barras. No podía ver, pero recordé la dirección de la puerta que se había dejado abierta. Finalmente llegué a la puerta y salí de la celda arrastrándome. Aparentemente, las criaturas me permitieron salir sin detenerme.

En cuanto salí de la celda, mi primer instinto fue alejarme de allí tanto como fuera posible. De nuevo, desesperadamente quería salir corriendo; lo único en que podía pensar era en ponerme de pie. Sin embargo, cada movimiento que hacía para levantarme requería un gran esfuerzo. Recuerdo que me pregunté: *¿Por qué es tan difícil esto?* Después de un tremendo esfuerzo, finalmente pude ponerme en pie. Me sentía totalmente agotado y, al mismo tiempo, muy frustrado por lo difíciles que se habían vuelto los movimientos sencillos. Aunque estaba ya fuera de la celda, no podía correr, y el miedo seguía rodeándome como si fuera una serpiente que oprime a su presa.

Me sentí aterrorizado cuando oí los gritos de una innumerable multitud de personas que gritaban atormentadas; era totalmente ensordecedor. Los gritos llenos de terror parecían atravesarme, penetrando en todo mi ser. En una ocasión oí de un programa especial de televisión en el que un reportero pasó la noche en una cárcel simplemente para experimentar de primera mano cómo era la vida en la prisión. Los prisioneros gritaron y se quejaron durante toda la noche. Él dijo que no pudo dormir debido a todo aquel ruido. El lugar donde yo estaba era mucho, mucho peor.

En medio del pánico y del ruido ensordecedor, me esforcé para ordenar mis pensamientos. *¡Estoy en el infierno! Este es un lugar real, ¡y estoy en realidad aquí!* Intenté frenéticamente comprender, pero sencillamente era inconcebible. Pensé: *Yo no, soy una buena persona.* El temor era tan intenso que no podía soportarlo pero, una vez más, no podía morir.[15] Sabía que la mayoría de personas que vive en la tierra no creían o ni siquiera sabían que había todo un mundo allí abajo. Ellos no lo creían; pero sí que existía, y era demasiado real. Este lugar era terrorífico, muy intenso, y tan hostil que sería imposible para mí exagerar el horror.

> El infierno es un lugar de continuo tormento y horrible angustia... un lugar de fuego... un lugar de continuo tormento tanto para el cuerpo como para el alma. El infierno será horrible para todos los que estén allí, pero algunas personas sufrirán más que otras.[19]
>
> —JOHN MACARTHUR

Yo no sabía cómo había llegado allí. El hecho de que yo *conocía* a Dios estaba fuera de mi mente. El Señor mismo me lo explicó después. Retrospectivamente, sé que hay varios pasajes de la Escritura que indican que Dios a veces oculta cosas de la mente del hombre.[16] Al estar fuera de la celda, realmente sentía la oscuridad.

Éxodo 10:21 habla de: "...tinieblas... tanto que cualquiera las palpe". No era como la oscuridad de la tierra. En una ocasión estuve en una mina de carbón en Arizona que carecía por completo de luz. No podía ver nada; sin embargo, no era nada como la oscuridad del infierno.[17] Era como si la oscuridad tuviera su propio poder; un poder que me consumía.[18] La oscuridad no era simplemente la ausencia de luz; tenía una presencia malvada característica, un sentimiento de muerte, una penetrante maldad.

Miré a mi derecha y pude ver débilmente llamas en la distancia que iluminaban tenuemente el horizonte. Yo sabía que las llamas provenían de un gran abismo, una gigantesca hoguera de aproximadamente un kilómetro y medio de diámetro que estaba a una distancia de unos dieciséis kilómetros. Aquella fue sólo una de las cosas que yo sencillamente sabía. Mis sentidos estaban más agudizados.[20]

Las llamas eran intensas, pero la oscuridad parecía tragarse la luz.[21] El horizonte apenas era visible. La oscuridad era de alguna manera como un agujero negro. He oído decir a los científicos que dentro de los agujeros negros de nuestro universo la fuerza de la gravedad es tan fuerte que realmente impide que la luz viaje, y no puede escapar del agujero. La oscuridad en el infierno es así; es tan oscura que pareciera evitar que ninguna luz viaje.

La única área visible era la que las llamas dejaban al descubierto. La tierra era toda rocosa, desierta y desolada; no había ninguna cosa verde, ningún ser vivo, ni siquiera una brizna de hierba ni una hoja sobre el suelo: era

> Es una experiencia de intensa angustia... un sentimiento de soledad... se produce la comprensión de que esa separación es permanente... Así, la desesperanza invade al individuo.[24]
> —MILLARD J. ERICKSON

un desierto por completo.[22] En Ezequiel 26:20 leemos: "Y te haré descender con los que descienden al sepulcro... y te pondré en las profundidades de la tierra, como los desiertos antiguos, con los que descienden al sepulcro". En la tierra, incluso los desiertos contienen vida que se ha adaptado a su hostil ambiente y tienen una belleza natural; pero el lugar que vi era baldío: nada como el desierto.

Uno de los pensamientos más dolorosos que tuve fue el comprender que nunca podría llegar a mi esposa. Ella no tenía idea de mi existencia en aquel lugar. Yo nunca más volvería a verla, y ni siquiera podría nunca explicarle ni hablarle de mi destino. Mi esposa y yo estamos muy unidos, y yo solía decirle que si alguna vez había algún desastre en la tierra, y ese día estuviéramos separados, yo encontraría una manera de llegar a ella, y no me detendría ante nada para llegar a ella. Ahora, no volver a verla nunca era algo inconcebible para mí.[23] Comprendí que nunca, nunca saldría de allí. En el Salmo 140:10 leemos: "Caerán sobre ellos brasas; serán echados en el fuego, en abismos profundos *de donde no salgan*" (énfasis añadido). Ni siquiera podría

---

Los perdidos serán castigados con destrucción eterna de la presencia del Señor (2 Tes. 1:9). Nadie vive sin Dios... Él le da el aire que usted respira. Su bondad rodea... Él hace salir el sol sobre buenos y malos y envía lluvia sobre injustos y también sobre justos (Mt. 5:45). Él le da la belleza de una tarde de verano, la frescura de una brisa refrescante... Él le deleita con el sabor del pan recién hecho o con el jugo de un melocotón maduro. Quizá haya experimentado el éxtasis del amor. Todas esas cosas son regalos de Dios... Todas son bendiciones de Dios... Pero en el infierno, todas esas cosas le serán quitadas... toda la dignidad que ahora tiene como portador de la imagen de Dios le será arrebatada... Los malos arderán con fuego pero no serán consumidos.[28]
—EDWARD DONNELLY

decirle nunca lo que había sucedido, y solamente ese conocimiento era demasiado para poder soportarlo.

El aire estaba lleno de humo, y un olor sucio, sepulcral y podrido estaba suspendido en la atmósfera carente de oxígeno.[25] Parecía como si todo el oxígeno hubiera sido aspirado por las altas llamas en la distancia. Yo apenas podía respirar. La falta de oxígeno en la atmósfera hacía que respirase con dificultad el poco aire que podía inhalar. No había humedad en el aire; era agotador simplemente tratar de respirar una sola vez.

Una de las peores sensaciones que experimenté fue una sed y una sequedad insaciables. Tenía muchísima sed. Mi boca estaba tan seca que me sentía como si hubiera estado corriendo por el desierto durante días. No había agua, ni humedad en el aire; nada de agua por ninguna parte; yo anhelaba con desesperación solamente una gota de agua.[26] Al igual que el hombre atormentado en Lucas 16:23, solamente una gota de agua habría sido muy preciosa para mí. Es difícil concebir un mundo sin nada de agua; verdaderamente sería angustioso. Es inconcebible para cualquiera de nosotros imaginar una sequedad tan extrema. Mi esposa y yo siempre hemos valorado el agua y ha sido muy agradable para nosotros, y ahora lo es mucho más. El agua es una sustancia que da vida, y en el infierno no hay vida de ninguna clase. Todo está muerto.

> El infierno estará eternamente lleno de lamento y dolor, y de fuego inextinguible, según la Biblia.
> —FRANKLIN GRAHAM

Con pensamientos de profunda desesperanza que inundaban mi mente, miré a la caverna desolada y desierta hacia las llamas. Todos los recuerdos de la vida tan maravillosa que había disfrutado estaban ahora a un mundo de distancia, y eran solamente una cosa del pasado. No había trabajo, ni metas, ni sabiduría, y ninguna oportunidad de hablar con alguien o de resolver algún problema. Ninguna necesidad de ofrecer consejo, ayuda o consuelo de ninguna clase; no existía propósito. Toda la vida había terminado, y un inútil "desperdicio" inundaba mi ser.[27] Después de ver a aquellas grotescas y deformes criaturas con sus escamas dentadas, hinchazones y miembros torcidos, tras oler sus fétidos y podridos olores y ver la atmósfera pesada y llena de humo, quería regresar a mi vida. Pensé en mi bella esposa con sus cálidos y amorosos ojos verdes, su celo por la vida, su piel perfectamente suave y su gran amor por mí. La extrañaba profundamente. Pensé en nosotros en los riscos al borde del océano, observando las olas y el agua azul romper contra las rocas de la costa. Recordé los cielos claros, las nubes blancas, la luz del sol y el aire fresco. Anhelaba profundamente a mi esposa. Yo quería hablar y relacionarme con alguien; pero tener una conversación inteligente —o simplemente cualquier conversación— con un ser humano, tan valorado en ese momento, era totalmente inalcanzable. Todas esas cosas pasaron por mi mente. Sin embargo, albergar tales recuerdos era fútil y solamente conduciría a un mayor desengaño y una total frustración. ¿Cómo podía yo aceptar la realidad con la que me enfrentaba? Era una realidad llena de una eternidad sin fin de dolor, pérdida, soledad y muerte: una existencia totalmente desdichada. Sería imposible.

Mi breve momento de recuerdos se desvaneció, y una vez más me enfrenté a mi espantosa situación presente. Mi escape mental había durado solamente unos segundos. Comprendí que ese horror duraría una eternidad, y ese conocimiento volvió a llevarme a un desesperado estado mental.

Ni siquiera poseía el pensamiento de clamar a Dios pidiendo ayuda, porque estaba allí como uno que no conocía a Dios. El Señor ni siquiera vino a mi mente.[29] Una de aquellas criaturas demoníacas me agarró y volvió a meterme en la celda.

Me lanzó al piso, y otra criatura rápidamente agarró mi cabeza y comenzó a aplastarla. Entonces las cuatro criaturas vinieron sobre mí, cada una de ellas agarrando una de mis piernas o mis brazos como si yo fuera una presa sin vida.[30] Yo sentía tanto terror que no hay palabras para poder describirlo. Ellas estaban a punto de desmembrar mi cuerpo cuando, de repente, fui sacado de la celda y situado cerca de ese abismo de fuego que había visto anteriormente desde la distancia.

[CAPÍTULO 1 – NOTAS]

1. "Temed más bien a aquel que puede destruir el alma y el cuerpo en el infierno" (Mateo 10:28); "...y no que todo tu cuerpo sea echado al infierno" (Mateo 5:29); "Los tragaremos vivos como el Seol, y enteros, como los que caen en un abismo" (Proverbios 1:12).

2. Es interesante observar que Deuteronomio 3:11 habla del remanente de los gigantes: "Su cama, una cama de hierro... La longitud de ella es de nueve codos [aproximadamente trece pies]". Génesis 6:4 habla de gigantes en la tierra: "Había gigantes en la tierra en aquellos días, y también después que se llegaron los hijos de Dios a las hijas de los hombres, y les engendraron hijos. Estos fueron los valientes que desde la antigüedad fueron varones de renombre". El término "hijos de Dios" se refiere a los ángeles caídos. Los gigantes llegaron como resultado del contacto de los ángeles malvados con mujeres. Ver el capítulo 10: Tratar con los demonios del infierno.

3. John Piper, "Behold the Kindness and the Severity of God" (Contemplar la bondad y la severidad de Dios), un sermón pronunciado el 14 de junio de 1992 en la iglesia Bethlehem Baptist Church, disponible en: //www.soundofgrace.com/piper92/06-14-92.htm, accesado el 4 de agosto de 2005.

4. "Su alma se acerca al sepulcro, y su vida a *los que causan la muerte*" (Job 33:22); "*Diente de fieras* enviaré también sobre ellos, con veneno de serpientes de la tierra" (Deuteronomio 32:24). Este pasaje habla de lo que les sucedió a los israelitas por su rebelión. Si eso es lo que les sucedió en la tierra, ¿cuánto peor será en el infierno donde la ira de Dios es derramada?

5. "Y como ellos no aprobaron tener en cuenta a Dios... estando atestados de toda injusticia... homicidios... *aborrecedores de*

Dios... sin misericordia" (Romanos 1:28-31). Aunque estos versículos se refieren a personas, el poder que los influencia es demoníaco. Ezequiel 28:14-16 describe a Lucifer con estas palabras: "Tú, querubín grande, protector... por lo que yo te eché del monte de Dios, y te arrojé de entre las piedras del fuego". "Y yo he sido profanado [degradado, lenguaje vulgar, blasfemo] en medio de ellos". "Tus enemigos toman en vano tu nombre" (Salmo 139:20). Estos son pasajes que se refieren a personas que profanan al Señor, pero "profanar" es una influencia que es de naturaleza demoníaca, como afirma Ezequiel 28:14-16. También, en el libro de Lester Sumrall, *Alien Entities* [Entidades extraterrestres], él menciona el famoso caso de la muchacha poseída por un demonio, Clarita Villanueva, a quien confrontó diciendo: "Había una feroz batalla con la muchacha que *blasfemaba* de Dios Padre, Dios Hijo y Dios Espíritu Santo. Sus ojos eran carbones ardientes y estaban llenos de *odio*" (página 137).

6. "...Ni murmuréis, como algunos de ellos murmuraron, y perecieron por el destructor" (1 Corintios 10:10). "... le entregó a los verdugos" (Mateo 18:34).

7. "El Seol abajo se espantó de ti; despertó muertos que en tu venida saliesen a recibirte... Todos ellos darán voces, y te dirán: ¿Tú también te debilitaste como nosotros?" (Isaías 14:9-10).

8. Christopher W. Morgan y Robert A. Peterson, eds., *Hell Under Fire* [El infierno bajo fuego] (Grand Rapids, MI: Zondervan, 2004), 220.

9. "Entended ahora esto, los que os olvidáis de Dios, no sea que os despedace, y no haya quien os libre" (Salmo 50:22). El Salmo 32:10 hace hincapié en los dolores experimentados: "Muchos dolores habrá para el impío". "¿No hay quebrantamiento para el impío, y extrañamiento para los que hacen

iniquidad?" (Job 31:3). "Delante de Jehová serán quebrantados sus adversarios" (1 Samuel 2:10).

10. "Vosotros que aborrecéis lo bueno y amáis lo malo, que les
quitáis su piel y su carne de sobre los huesos" (Miqueas 3:2).
Este versículo habla de los líderes del país que les hacen eso a
los hijos de Israel; no está diciendo que eso ocurra en el infierno.
Sin embargo, ¿de dónde obtienen su inspiración los hombres
malvados? Para apoyar la idea de que los demonios infligen
dolor, ver Marcos 5:5 que menciona: "... e hiriéndose con piedras". También 1 Reyes 18:28 dice: "... y se sajaban con cuchillos... hasta chorrear la sangre sobre ellos". En Marcos 9:18-22
leemos que el espíritu "... le sacude; y echa espumarajos, y
cruje los dientes, y se va secando... Y muchas veces le echa en
el fuego y en el agua, para matarle".

11. "Jehová, hasta los cielos llega tu misericordia" (Salmo 36:5).
"Mas la misericordia de Jehová es... sobre los que le temen"
(Salmo 103:17).

12. "Yo he sacado tus presos de la cisterna en que no hay agua"
(Zacarías 9:11). "Porque la vida de la carne en la sangre está"
(Levítico 17:11). (Y no hay vida en el infierno). "Envía a Lázaro
para que moje la punta de su dedo en agua, y refresque mi lengua; porque estoy atormentado en esta llama" (Lucas 16:24).

13. Edward Donnelly, *Heaven and Hell* [El cielo y el infierno]
(Carlisle, PA: Banner of Truth, 2002), 33.

14. "[Jesús] reprendió al espíritu inmundo" (Marcos 9:25).

15. "Los cuales sufrirán pena de eterna perdición, excluidos de la
presencia del Señor y de la gloria de su poder" (2 Tesalonicenses
1:9). "Lo que el impío teme, eso le vendrá" (Proverbios 10:24).

16. Desde luego, Dios puede hacer cualquier cosa, pero para dar
referencias bíblicas, en Lucas 18:34, cuando Jesús les hablaba a

sus discípulos de ser crucificado y de morir, leemos: "... esta palabra les era encubierta", aun cuando Jesús se lo había dicho. Después de que el rey Nabucodonosor perdiera su sano juicio debido al pecado y viviera como un animal en los campos por un tiempo, leemos en Daniel 4:34: "... mi razón me fue devuelta".

17. "Me has puesto en el hoyo profundo, en tinieblas, en lugares profundos" (Salmo 49:19).

18. "Habiendo estado con vosotros cada día en el templo, no extendisteis las manos contra mí; mas esta es vuestra hora, y la potestad de las tinieblas" (Lucas 22:53). "Estos son fuentes sin agua, y nubes empujadas por la tormenta; para los cuales la más densa oscuridad está reservada para siempre" (2 Pedro 2:17). "Se le apagará su lámpara en oscuridad tenebrosa" (Proverbios 20:20). "... para las cuales está reservada eternamente la oscuridad de las tinieblas" (Judas 13).

19. John MacArthur, "Hell—the Furnace of Fire" [El infierno: el horno de fuego], Cinta #GC2304 http://www.jcsm.org/Study Center/john_macarthur/sg2304.htm (accesado el 19 de septiembre de 2005).

20. En su libro *One Minute After You Die* [Un minuto después de morir], Erwin W. Lutzer dice que quienes están en el Seol (el infierno) tienen "una percepción aumentada y un mejor entendimiento" (Chicago: Moody Publishers, 1997, página 39). Lucas 16:23 también da a entender esto cuando habla del rico en el infierno que "vio de lejos a Abraham, y a Lázaro en su seno". Al estar a mucha distancia de separación, ¿cómo pudo reconocer a Lázaro? ¿O cómo reconoció a Abraham, a quien puede que no hubiera visto nunca?

21. "...tierra de oscuridad, lóbrega, Como sombra de muerte y sin orden, Y cuya luz es como densas tinieblas" (Job 10:22).

22. "Estamos en lugares oscuros como muertos" (Isaías 59:10).

23. "Así el que desciende al Seol no subirá; no volverá más a su casa" (Job 7:9-10). "El ojo que le veía, nunca más le verá" (Job 20:9).

24. *Christian Theology* [Teología cristiana], segunda ed. (Grand Rapids, MI: Baker Academic, 1985, 1998), 1242–1243.

25. "Y los enemigos de Jehová como la grasa de los carneros serán consumidos; se disiparán como el humo" (Salmo 37:20). "Y el humo de su tormento sube por los siglos de los siglos" (Apocalipsis 14:11). "Y se oscureció el sol y el aire por el humo del pozo" (Apocalipsis 9:2).

26. "... de la cisterna en que no hay agua" (Zacarías 9:11).

27. "... porque en el Seol, adonde vas, no hay obra, ni trabajo, ni ciencia, ni sabiduría" (Eclesiastés 9:10). "Sean avergonzados los impíos, estén mudos en el Seol" (Salmo 31:17). "Mas los impíos perecen en tinieblas" (1 Samuel 2:9). ¿Se levantarán los muertos para alabarte?... ¿Serán reconocidas en las tinieblas tus maravillas, y tu justicia en la tierra del olvido?" (Salmo 88:10-12). (Qué descripción de la tumba, ¡y el infierno es aún peor!). "No alabarán los muertos a JAH, ni cuantos descienden al silencio" (Salmo 115:17).

28. Donelly, *Heaven and Hell*, 35-37.

29. "Porque en la muerte no hay memoria de ti [Dios]; en el Seol, ¿quién te alabará?" (Salmo 6:5). "No alabarán los muertos a JAH, ni cuantos descienden al silencio" (Salmo 115:17).

30. "Entended ahora esto, los que os olvidáis de Dios, no sea que os despedace" (Salmo 50:22). "... y le castigará duramente, y le pondrá con los infieles" (Lucas 12:46). "... y lo castigará duramente" (Mateo 24:51).

31. Franklin Graham, *The Name* [El Nombre], (Nashville, TN: Nelson Books, 2002), 20.

[Capítulo 2]

EL POZO

U N ALIVIO MOMENTÁNEO LLEGÓ a mi alma cuando comprendí que había sido sacado de las tenazas de aquellas horribles criaturas; sin embargo, ahora me encontraba a mí mismo cerca de un enorme pozo con violentas llamas de fuego que se elevaban desde una enorme caverna abierta. Cuando miré a aquella atmósfera oscura, espeluznante, como de un sepulcro, parecía ser más similar a una boca que se había tragado a sus muertos. Las llamas de su voraz apetito nunca eran satisfechas con los dolorosos gritos de incontables multitudes.

El calor era mucho más que insoportable, y yo quería desesperadamente escapar antes de que yo también fuera lanzado a aquel infierno. Cuando ahora miro atrás a aquella experiencia, se me recuerda la destrucción de las torres gemelas del World Trade Center el 11 de septiembre de 2001, cuando algunas personas —en lugar de enfrentarse al calor insoportable— escogieron lanzarse a la muerte saltando desde las ventanas. Una caída, en especial desde alturas tan grandes, debe de haber sido horrenda. Se informó de que una persona que soportara tal temperatura quedaría completamente incinerada en unos quince segundos. Aquellas personas escogieron dar ese salto en lugar de enfrentarse a la intensidad de aquellas llamas aunque solo fuera durante quince segundos. Algunos científicos han dicho que la temperatura en el centro de la tierra es aproximadamente de doce mil grados. Soportar eso por toda la eternidad es insondable.

Pude ver las figuras de personas entre las llamas. Los gritos de las almas condenadas eran ensordecedores e incesantes. No había ningún lugar seguro, ningún momento seguro, ningún alivio temporal de ninguna clase.[1] En los medios de comunicación hemos oído de los inmisericordes actos de los terroristas; en algunos casos, sus víctimas sabían que la muerte les llegaría mediante una brutal decapitación. Trate de imaginar el terror que esas víctimas debieron de haber sentido cuando esperaban su destino. En el infierno, ese estado de temor nunca cesa ni siquiera por un segundo; dura una eternidad.

> No hay razón por la cual los tormentos del infierno no pudieran incluir el fuego físico.[2]
> —EDWIN LUTZER

Había personas en el infierno que estaban dentro de un pozo masivo, y horribles criaturas rodeaban el perímetro. No había ninguna vía de escape. Cualquier intento de escapar era fútil, pues la fuerza humana no era rival para los demonios. Sentí mucha angustia por aquellas personas desesperadas, pero al mismo tiempo comprendí que yo podía ser el siguiente.

Recuerdo que cuando era niño me metí en varias peleas para proteger a niños que eran más débiles y que eran intimidados. Me pegaron varias veces, pero yo no podía quedarme allí y no ayudar. Los actores de televisión que hacían justicia y protegían a los débiles eran mis modelos a seguir. Preocuparse por los demás es una característica piadosa. Ya que todos provenimos de Dios, está en el interior de la mayoría de la gente sentir de ese modo. Hemos visto cómo nuestro país siempre acude al rescate del resto del mundo. Este deseo innato de proteger a los indefensos continuó en mi vida como adulto. Ahora, sin la capacidad de ayudar ni siquiera a una de las almas indefensas y atormentadas, sentí que la desesperanza se hacía más profunda. Ver a personas aterrorizadas, desesperadas y sufriendo un incesante tormento fue más de lo que yo podía soportar.[3]

Ahora intente imaginar el momento más aterrador de su vida. Para mí, recuerdo una mañana en que, cuando era adolescente, estaba haciendo surf en la costa de Florida.

> Sin duda, todos los demás sentidos también se verán afectados: el oído con horribles ruidos, gruñidos y gritos de otros pecadores condenados; el ojo con espectáculos aterradores, espantosos y horribles; el olfato con asfixiantes olores y repugnante hedor, peor que el de la carroña o del que sale de un sepulcro abierto.[4]
>
> —THOMAS VINCENT

Apareció un grupo de tiburones y nos rodeó; nosotros comenzamos a remar frenéticamente hacia la playa, y en el frenesí a un muchacho casi le arrancan una pierna. Entonces uno de los tiburones me golpeó y me tiró de mi tabla. Mi amigo René y yo literalmente nadábamos con los tiburones. Tratamos desesperadamente de llegar a la playa, pero yo sinceramente sentí que la sangre en el agua combinada con el número de tiburones era una sentencia de muerte segura. De repente, uno de los tiburones agarró mi pierna con su boca y me sumergió. Sin ninguna razón aparente, el tiburón me soltó sin hacerme ninguna marca (¡gracias a Dios!), y René y yo nadamos hasta la orilla. En aquel momento yo era un ávido surfista. No es necesario decir que no me acerqué al agua en casi dos años.

Aquel fue uno de los momentos más aterradores de mi vida, y esa experiencia palideció en comparación con el temor que uno soporta por la eternidad en el infierno. No hay manera de escapar. Nadie puede rescatarle.

Cuando llegué por primera vez a la celda, había observado que estaba desnudo, la cual es otra forma de vergüenza y de mayor vulnerabilidad. En un ambiente tan hostil, esa vulnerabilidad añade otra capa de desesperanza y de temor a una mente ya aterrorizada.[5] En la vida, las personas sanas y equilibradas sentirían vergüenza si se las desnudara y se las expusiera públicamente. Cuánto más se sentirá esa vergüenza y temor en un ambiente lleno de terror. Recuerdo a los millones de judíos que eran desnudados y humillados antes de ser asesinados con gas venenoso o de ser llevados a los hornos durante la Segunda Guerra Mundial. Ellos experimentaron muchas torturas y humillaciones, pero dejarlos desnudos era un intento de quitarles su dignidad y de intensificar el temor. Muchos han muerto de forma terrible en la tierra; ¿cuánto mayor será el tormento cuando dure para siempre?

> La duración del infierno es interminable. Aunque haya grados de castigo, el infierno es terrible para todos los condenados. Los ocupantes son el diablo, los ángeles malos y los seres humanos no salvos.[6]
> —ROBERT PETERSON

También experimenté la angustia del agotamiento total en el infierno. El continuo trauma emocional, mental y físico alimenta este círculo vicioso de falta de sueño. Uno anhela desesperadamente unos pocos minutos de descanso, pero nunca llega a obtener ese privilegio. Imagine por un momento lo horrible que se siente después de solamente cuarenta y ocho horas sin dormir. En el infierno uno nunca duerme, descansa o encuentra un momento de tranquilidad. Cualquier forma de descanso es completamente inexistente.[7] Aun cuando yo estuve allí solamente veintitrés minutos, el tormento y el trauma fueron tan intensos que sentí como si no hubiera dormido durante semanas. Solamente podía empeorar con el tiempo.

Nunca hay ninguna paz mental.[8] Ningún descanso de los tormentos, los gritos, el temor, la sed, la falta de aliento, la falta de sueño, el hedor, el calor, la desesperanza y el aislamiento de las personas.

Yo quería con desesperación hablar con un ser humano, pero sabía que nunca tendría esa posibilidad.[9] Se evita cualquier tipo de comunión, conversación o relación humana.

Las relaciones son muy valiosas, y es fácil darlas por hechas. En el momento de la muerte, la persona no quiere estar rodeada de "cosas". Esa persona quiere estar rodeada de personas que de verdad se preocupen por ella y la quieran. Es muy difícil procesar el pensamiento de saber que uno nunca más podrá relacionarse con nadie, en especial con sus seres queridos. El deseo innato de los seres humanos de comunicarse, hacer preguntas y relacionarse con alguien que comparta su sufrimiento nunca será satisfecho en el infierno. En cambio, lo único que está a la vista son horribles criaturas. No importa quién fuera usted, si fue famoso, muy influyente o un don nadie: eso no importa. Uno está verdaderamente solo en medio de un mar de almas atormentadas.

Ahora bien, es cierto que hay áreas en ese vasto y feroz pozo donde las personas son lanzadas juntas, pero solamente están *juntas* en el sentido de que todas ellas experimentan el mismo tormento. Cada persona está muy aislada en extrema agonía y gritando de terror a medida que el fuego y el azufre llueven sobre ella. Están *juntas* de la misma manera en que el ganado se apiña en un matadero. Un alma en una agonía tan extrema no tendría oportunidad de conversar; además, yo creo que todos los que están allí están al borde de la locura.

Sin embargo, creo que uno nunca llega a estar loco, porque eso proporcionaría una forma de escape.

Y no hay escape, ni siquiera mentalmente.

Yo poseía un conocimiento de que había diferentes niveles de tormento o varios grados de castigo.[10] Sabía que algunas personas estaban en peores posiciones que otras. Todas las áreas eran horrorosas, sin ningún lugar de alivio o de comodidad. También era consciente de que había muchos niveles aún peores. Cualquier nivel, área o grado de tormento era mucho peor que cualquier concepto que una mente pudiera concebir.

[CAPÍTULO 2 – NOTAS]

1. "Mas el que me oyere, habitará confiadamente y vivirá tranquilo, sin temor del mal" (Proverbios 1:33).

2. Erwin Lutzer, *One Minute After You Die* [Un minuto después de morir], (Chicago: Moody Publishers, 1997), 112.

3. "Sobre los malos hará llover calamidades; Fuego, azufre y viento abrasador será la porción del cáliz de ellos" (Salmo 11:6-7). "...y perecieron por el destructor" (1 Corintios 10:10). "Caerán sobre ellos brasas; serán echados en el fuego, en abismos profundos de donde no salgan" (Salmo 140:10).

4. Thomas Vincent, *Fire and Brimstone* [Fuego y azufre], (Morgan, PA: Soli Deo Gloria Publications, 1999), 111–112.

5. "El Seol está descubierto delante de él, y el Abadón no tiene cobertura" (Job 26:6). Este versículo indica que Dios puede mirar el infierno, pues no está oculto de Él; sin embargo, los habitantes del infierno están también físicamente desnudos. "Bienaventurado el que vela, y guarda sus ropas, para que no ande desnudo, y vean su vergüenza" (Apocalipsis 16:15). Una vez más, el significado principal en este versículo es que sin estar listos y cubiertos con la ropa de la salvación, estaríamos en vergüenza cuando el Señor regrese. "Por tanto, yo te aconsejo que de mí compres... vestiduras blancas para vestirte, y que no se descubra la vergüenza de tu desnudez" (Apocalipsis 3:18).

6. Robert Peterson, *Hell on Trial* (Phillipsburg, NJ: Presbyterian and Reformed Publishing Co., 1995), 201.

7. "Y el humo de su tormento sube por los siglos de los siglos. Y no tienen reposo de día ni de noche" (Apocalipsis 14:11). Este pasaje significa que no habrá alivio de los tormentos, ni descanso: no habrá sueño.

8. "No hay paz, dijo mi Dios, para los impíos" (Isaías 57:21). "Destrucción viene; y buscarán la paz, y no la habrá" (Ezequiel 7:25).

9. C. S. Lewis creía que no habría comunicación en el infierno, porque era un lugar de soledad. Ver Lutzer, *One Minute After You Die*, 113.

10. "Será más tolerable el castigo para la tierra de Sodoma y de Gomorra [dando a entender una situación menos tolerable en el infierno]..." (Mateo 10:15). "¡Ay de vosotros, escribas y fariseos, hipócritas!... recibiréis mayor condenación" (Mateo 23:14). "Le hacéis dos veces más hijo del infierno que vosotros" (Mateo 23:15). "El que viola la ley de Moisés, por el testimonio de dos o de tres testigos muere irremisiblemente. ¿Cuánto mayor castigo pensáis que merecerá el que pisoteare al Hijo de Dios...?" (Hebreos 10:28-29). "... desde la cárcel profunda" (Lamentaciones 3:55). "Y has librado mi alma de las profundidades del Seol" (Salmo 86:13). "Me has puesto en el hoyo profundo, en tinieblas, en lugares profundos" (Salmo 88:6). Ver también Lucas 12:42-48. Ver la lista de pasajes en el Apéndice A. Ver Ezequiel 32:21-23. "Esos heroicos personajes hablan desde el Seol, lo cual puede sugerir que están situados en el corazón del mundo más bajo, quizá un lugar más honorable que 'los rincones más remotos del pozo'" (Morgan y Peterson, eds., *Hell Under Fire*, 50).

[Capítulo 3]

La puerta

Cuando estaba de pie cerca de aquel enorme pozo de fuego, ningún atacante inmediato parecía amenazar, y eso me dio un momento para familiarizarme con lo que me rodeaba. Llovía fuego y rocas ardientes, de modo similar a la lava que cae del cielo cuando se produce la erupción de un volcán. El humo de las llamas era muy espeso, y solo permitía la visibilidad a escasa distancia, pero lo que pude ver era horroroso. Vi a muchas personas que trataban de salir desesperadamente del pozo de fuego, pero no había manera de escapar.

Giré mi cabeza y observé que yo estaba en mitad de una cueva; la pared me rodeaba y conducía a la vasta expansión del pozo. Cuando miré a las paredes, vi que estaban cubiertas de miles de horribles criaturas; aquellas criaturas demoníacas eran de todos los tamaños y formas. Algunas de ellas tenían cuatro piernas y eran del tamaño de osos; otras estaban erguidas y tenían más o menos el tamaño de gorilas. Todas ellas eran terriblemente grotescas y desfiguradas. Parecía como si su carne se hubiera descompuesto, y sus miembros estaban torcidos y desproporcionados. Algunas mostraban largos brazos o pies anormalmente grandes; a mí me parecieron ser muertos vivientes.

También había ratas gigantescas e inmensas arañas, de al menos casi un metro de anchura y entre sesenta y ochenta centímetros de altura. También vi serpientes y gusanos, de tamaños desde pequeñas hasta enormemente grandes. Quedé petrificado y no podía creer lo que estaba viendo.

Mi mirada siguió a las bestias por los lados de la pared, y vi que había un agujero en lo alto de la cueva. Era la entrada a un túnel superior, de aproximadamente diez metros de diámetro. Las criaturas demoníacas también estaban alineadas en el túnel, y eran claramente malvadas. Sus ojos eran calderas de maldad y de muerte. Todo era sucio, pestilente, podrido y repugnante. Había otro aspecto distintivo con respecto a aquellas criaturas: todas parecían tener odio al ser humano; eran la maldad personificada. Las criaturas parecían estar encadenadas, o unidas de alguna manera a las paredes de la cueva. Yo me sentí aliviado al saber que no podían alcanzarme.[1]

De repente, comencé a ascender por el túnel. No sabía cómo era capaz de ascender ni por qué. Al principio subí lentamente, y a medida que fui alcanzando altura pude ver más del enorme pozo, que parecía tener unos dos kilómetros de diámetro.[2] Sin embargo, era solamente una fracción del espacio del infierno.[3] A la derecha de la gran fogata había miles de pozos pequeños, hasta donde me alcanzaba la vista. Cada pozo no tenía más de un metro o metro y medio de diámetro y de metro o metro y medio de profundidad; cada pozo tenía una sola alma perdida.[4] El Salmo 94:13 se refiere a estos pozos diciendo: "... en tanto que para el impío se cava el hoyo". A medida que ascendía a las tinieblas, el miedo a aquellas horribles bestias me rodeaba por completo.[5] Pensé: *¿Quién podría vencer a una sola de esas criaturas?* Nadie podía. Algunas eran muy inmensas y fuertes; por un instante, recordé a cierta persona a quien mi esposa y yo veíamos en nuestro gimnasio. No lo conocíamos, pero lo mirábamos con admiración porque él era muy grande, musculoso y fuerte. Pensé: *Incluso él no sería rival para los demonios.*

Al continuar ascendiendo, parecieron haber pasado unos treinta segundos cuando, de repente, un haz de luz invadió todo el túnel. La luz era muy brillante; una luz pura y blanca como yo nunca antes había visto. Era tan brillante que no pude ver el rostro de quien estaba delante de mí, pero al instante supe quién era Él. Dije: "Jesús", y Él dijo: "YO SOY", y yo caí al instante a sus pies; fue como si hubiera muerto.[6] Pareció que habían pasado solo unos instantes cuando recobré mi conciencia; seguía estando a sus pies.

Las palabras no pueden describir el abanico de emociones que experimenté en la presencia del Señor. Solo un momento antes yo había estado en las entrañas del infierno, igual que alguien que no conocía a Jesús y estaba maldito y condenado a un tormento eterno.[7] En cuanto Él apareció, restauró la conciencia a mi mente de que yo era cristiano.[8] (Él había quitado el conocimiento de que yo era cristiano en el infierno. Explicaré la razón en breve.)

La paz sustituyó al terror, y la seguridad tomó el lugar del peligro. Los sentimientos de indignidad, vergüenza y humillación desaparecieron a medida que el valor que Él había puesto en mí fue revelado. Fue entonces cuando comprendí verdaderamente lo mucho que Dios nos ama. Al instante fui consolado, protegido y totalmente aliviado. Solamente quería permanecer a sus pies. Estaba muy agradecido de salir del infierno; estaba muy agradecido de conocer a Jesús y de ser cristiano, y solamente quería adorarlo a Él. Al mirar atrás, ahora comprendo que la luz que estaba presente cuando fui lanzado a la celda era, de hecho, la presencia del Señor. Cuando Él se fue, la celda volvió a su estado normal de oscuridad.

Recuerdo haber visto un reportaje especial sobre el hundimiento del *Titanic*. Recordé lo agradecidas que estaban las personas de haber sido salvadas de las aguas heladas. Los entrevistaban décadas después del incidente y, sin embargo, su agradecimiento por la vida no había disminuido. Corrían lágrimas cuando cada superviviente relataba la historia de cómo él o ella fue rescatado. Así es como me sentí yo, pero mucho, mucho más, cuando caí de rodillas a los pies de Jesús. No tenía palabras que expresaran adecuadamente mi gratitud: solamente quería darle las gracias una y otra vez. Aunque fui aliviado y consolado, al mismo tiempo me sentía muy pecador y sucio. Al estar ante la presencia de un Dios santo, fui plenamente consciente de mis pecados.

> El Hades es un lugar de tormento y de agonía... El juicio y el infierno serán más tolerables para algunos que para otros... El hecho de que el infierno no será igual para todos de ninguna manera implica que será un buen lugar para nadie. La gente en el infierno estará separada de Dios y de todo lo bueno para siempre. Por mucho que me disguste la idea, creo que el lago de fuego (el infierno) es un lugar real y literal.[9]
> —CHARLES STANLEY

Jesús se inclinó y tocó mi hombro. Recuperé mi fuerza al instante, y me puse en pie. Mi siguiente pensamiento fue: *¿Por qué me enviaste a este horrible lugar?*

Antes de poder hacer la pregunta, Él respondió.[10] "Porque muchas personas no creen que el infierno exista de verdad —me dijo Él—; aun algunos de entre mi pueblo no creen que el infierno sea real". Yo me sorprendí al oír que algunos cristianos no creen que el infierno sea real. Sé que muchas personas creen que cuando uno muere es aniquilado, o que el infierno es solamente un estado mental. Eso me sorprende, porque la Biblia nos habla muy detalladamente sobre el tema, y no enseña que uno es simplemente aniquilado.[11] Las enseñanzas son muy claras en cuanto a que el infierno es un lugar de tormento eterno.[12]

Yo pude sentir el profundo amor del Señor para que las personas conozcan la verdad. Saber que el infierno es una realidad y lo horrible que es realmente profundiza mucho el agradecimiento de la persona. Yo estaba muy, muy agradecido de que Él me hubiera rescatado;[13] pero comprendí que fue por su gran amor por el ser humano que Él quiso que supiéramos que ese lugar existe, a fin de poder escoger la vida con Él. En 1 Juan 5:12 se nos asegura: "El que tiene al Hijo, tiene la vida; el que no tiene al Hijo de Dios no tiene la vida".

Me vinieron a la mente más pensamientos; sin embargo, al estar en su reverente presencia, fui lento para hablar. Pero antes de poder expresar las preguntas con mi boca, Él las respondía. El Salmo 139:2-4 dice: "Has entendido desde lejos mis pensamientos... Pues aún no está la palabra en mi lengua, Y he aquí, oh Jehová, tú la sabes toda". Ha habido momentos compartidos con mi esposa en que yo estaba pensando en algo, y ella decía exactamente lo que yo estaba pensando en ese momento. Otras veces, simplemente sentimos lo que el otro está a punto de decir o de hacer en una situación dada. Después de que algo como eso nos ocurra, uno de nosotros le dice al otro: "Sabía exactamente lo que estabas pensando, y creí que dirías eso". Yo creo que *el ser uno* es parte de lo que hace tan especial al matrimonio. La relación matrimonial debe ser un paralelismo de lo que el Señor quiere con cada uno de nosotros: una relación profunda e íntima en la que se comparten las emociones, puntos de vista, deseos y pensamientos mutuos.

Cuando estaba delante del Señor, pensé: *¿Por qué me escogiste para esta experiencia?* No hubo respuesta. Hasta el día de hoy sigo sin comprender plenamente por qué el Señor decidió escogerme. En muchos aspectos, no parece tener sentido. En primer lugar, yo soy un corredor de bienes raíces, y no un Billy Graham o una madre Teresa; en segundo lugar, me encanta el orden, la limpieza y la tranquilidad, y el infierno es la antítesis de todo eso. Sé que a la mayoría de la gente le gusta el orden, la limpieza y la tranquilidad; sin embargo, yo soy más fanático que la mayoría con esas cosas. Mi mamá compartió conmigo que aun cuando era un niño mantenía mi cuarto ordenado y limpio y con todos mis juguetes en perfecto orden. Hasta me ponía trajes de tres piezas cuando era niño, ¡y me gustaban!

Además, a mi esposa y a mí no nos gustan las películas de terror y nunca las vemos. Hacemos todo esfuerzo posible por mantener cualquier influencia malvada alejada de nuestra casa y de nuestras vidas. Y además de todo eso, a mí ni siquiera me gusta el verano. ¡El verano es demasiado caluroso para mí!

> La Escritura habla del "lago de fuego" (Ap. 20:14). "El lloro y el crujir de dientes" (Mt. 13:42), donde su gusano no muere y el fuego no se extingue (Mr. 9:44). Si realmente creyéramos en el infierno, rogaríamos a los pecadores.[17]
> —RAY COMFORT

Jesús me dijo: "Ve y háblales de este lugar. No es mi deseo que nadie vaya allí.[14] El infierno fue hecho para el demonio y sus ángeles".[15]

Yo le respondí: "Sí, claro que iré". La voluntad de Dios es que todos sean salvos;[16] y yo tuve el irresistible deseo de hacer su voluntad. En su presencia, las cosas que normalmente eran tan importantes para nosotros de repente me parecieron muy insignificantes. Me sentí muy honrado de ser capaz de hacer algo que le agradara a Él. Entonces me vino a la mente un pensamiento: *¿Por qué iba alguien a creerme? Pensarán que tuve un mal sueño, o que estoy loco.*

El Señor me dijo: "No es tu tarea convencer sus corazones. Esa responsabilidad le corresponde al Espíritu Santo.[18] Tu parte es ir y hablarles". Yo me sentí aliviado al saber que no era responsabilidad mía convencer a nadie. Él me dio la parte fácil: lo único que tengo que hacer es abrir mi boca y hablar a la gente, y Él los atrae a sí mismo.

Yo pregunté: "¿Por qué me odiaban tanto esos demonios?".

Él dijo: "Porque tú eres creado a mi imagen, y ellos me odian a mí".[19] Como ve, los demonios no pueden dañar a Dios directamente, pero pueden hacer daño a sus hijos y a su creación; a Dios le entristece ver sufrir a su creación.[20] El Señor nos ama y quiere que vivamos vidas sanas, largas y en paz; quiere que advirtamos a más personas sobre el infierno y que compartamos con ellas sencillamente lo que tienen que hacer para evitar ese terrible lugar.

Yo entonces dije: "Aquellos demonios eran muy poderosos".

Él dijo: "Lo único que tienes que hacer es echarlos en mi nombre".[21]

De repente, allí en su presencia, las criaturas demoníacas que acababa de encontrarme en el infierno parecían muy indefensas; parecían tener el aspecto de hormigas sobre la pared. Pensé en el pastor Raul, un querido amigo, que tiene el don divino de discernir la influencia demoníaca en las vidas de las personas. Él entiende la autoridad que Dios nos ha dado como cristianos y el poder de la oración. Yo solamente había pensado en tres personas mientras estaba allí, y él era la tercera de ellas. La casa de él y de su esposa, Sharon, era la que habíamos visitado la noche anterior a que todo esto sucediera.

Entonces me fue revelado que lo más importante no era el poder para vencer a aquellos demonios, sino más bien, como dice la Escritura: "Pero no os regocijéis de que los espíritus se os sujetan, sino regocijaos de que vuestros nombres están escritos en los cielos" (Lucas 10:20). La Biblia dice: "Porque el Hijo del Hombre vino a buscar y a salvar lo que se había perdido" (Lucas 19:10). El verdadero énfasis se puso en las almas cuyos nombres no estaban escritos aún en el cielo, quienes iban a ir al infierno cada día. Al instante quedé serio

cuando Él me permitió ver una corriente continua de personas que
caían por un túnel —una tras otra, una tras otra, una tras otra— a

> Satanás... hará todo lo que esté en su poder para mantener a la gente cautiva en el pecado y para arrastrarla a la prisión de separación eterna de Dios.[25]
> —Billy Graham

una cueva abierta, al terror del que yo acababa de escapar.

Mientras contemplaba esa escena, Jesús me permitió sentir solamente una pequeña cantidad de la tristeza que Él siente por su creación que va al infierno.[22] Su amor está mucho más allá de nuestra capacidad y es infinitamente mayor que nuestro amor. Yo no podía soportar sentir ni siquiera una fracción de la angustia que Él siente, y dije: "¡Por favor, basta!". No podía soportarlo. No puedo explicar lo bastante este punto; fue la perspectiva más profunda de los sentimientos de Dios que tuve durante toda aquella experiencia. No hay modo de poder medir lo mucho que Él ama verdaderamente a toda la gente. Cuando un alma se pierde para el diablo y es condenada a ese horrible lugar para siempre, Él se entristece mucho.

Yo le pregunté: "¿Por qué no te conocía cuando estuve allí?".

Él dijo: "Lo mantuve oculto de ti". Para que yo pudiera experimentar la desesperanza de aquellas almas en el infierno, el hecho de que yo conociera a Jesús tenía que estar oculto de mi mente. Si yo le hubiera conocido mientras estaba allí, como lo he hecho desde el año 1970, habría tenido esperanza de que Él me rescataría. Experimentar el sentimiento de estar perdido para siempre fue, sin ninguna duda, la peor parte del infierno. Sobre la tierra, siempre tenemos alguna clase de esperanza; aun en medio de las situaciones más extremas, tenemos la esperanza de escapar, aun si solo es por medio de la muerte.[23] Pero allí uno sabe positivamente que no hay ninguna esperanza en absoluto; uno nunca saldrá. El alma no puede morir, y uno está perdido y en tormento para siempre.[24]

Finalmente, Él dijo: "Diles que yo regreso pronto, muy pronto". En mi espíritu, sentí una urgencia de advertir a tantas personas como sea posible, a medida que se acaba el tiempo. Él volvió a decirlo firmemente: "¡DILES QUE YO REGRESO PRONTO, MUY PRONTO!". Que Él lo repitiera me dice que su regreso verdaderamente está muy cercano. El tiempo se acaba. Debemos llevar la verdad a la gente a fin de que ellos puedan saber que hay que hacer una elección. Sin Jesús como su Salvador, usted no irá al cielo, y eso es absolutamente cierto.[26] Al mirar atrás, desearía haberle preguntado: "¿Y cuánto es 'muy pronto' para ti, Señor?". Sin embargo, al estar ante la presencia del Dios todopoderoso, tal arrogancia no se manifiesta. Como un soldado a quien su general da órdenes, lo único que yo quería hacer era obedecer su orden.

Cuando el Señor y yo estábamos juntos, seguíamos ascendiendo por el túnel. Llegamos a la superficie de la tierra, y luego continuamos hacia arriba. Subimos por encima de la tierra hasta llegar a estar fuera de la atmósfera.

[CAPÍTULO 3 – NOTAS]

1. Una posible explicación de que los demonios estuvieran encadenados se encuentra en Judas 6: "Y a los ángeles que no guardaron su dignidad, sino que abandonaron su propia morada, los ha guardado bajo oscuridad, en prisiones eternas, para el juicio del gran día". Las criaturas con que me encontré en el infierno podrían haber sido esos ángeles caídos encadenados. No lo sé.

2. "Y te haré descender con los que descienden al sepulcro, con los pueblos de otros siglos, y te pondré en las profundidades de la tierra, como los desiertos antiguos" (Ezequiel 26:20).

3. "Por eso ensanchó su interior el Seol..." (Isaías 5:14).

4. El Salmo 88:6 dice: "Me has puesto en el hoyo profundo, en tinieblas, en lugares profundos". "Caerán sobre ellos brasas; serán echados en el fuego, en abismos profundos de donde no salgan" (Salmo 140:10). "Y me hizo sacar del pozo de la desesperación" (Salmo 40:2). "Los tragaremos vivos como el Seol, y enteros, como los que caen en un abismo" (Proverbios 1:12). "Despéñalo… a lo profundo de la tierra, con los que descienden a la sepultura" (Ezequiel 32:18). "...Descendieron... a lo más profundo de la tierra... mas llevaron su confusión con los que descienden al sepulcro" (Ezequiel 32:24).

5. "Me ha hecho habitar en tinieblas como los ya muertos" (Salmo 143:3).

6. "Y su rostro era como el sol cuando resplandece en su fuerza. Cuando le vi, caí como muerto a sus pies" (Apocalipsis 1:16-17).

7. "Dios redimirá su alma para que no pase al sepulcro, y su vida se verá en luz" (Job 33:28). "Para apartar su alma del sepulcro, y para iluminarlo con la luz de los vivientes" (Job 33:30).

8. "... y mi razón me fue devuelta" (Daniel 4:34).

9. Charles Stanley, *Charles Stanley's Handbook for Christian Living* [Manual de Charles Stanley para la vida cristiana], (Nashville, TN: Thomas Nelson Publishers, 1996), 245–248.

10. "Has entendido desde lejos mis pensamientos... Pues aún no está la palabra en mi lengua, y he aquí, oh Jehová, tú la sabes toda" (Salmo 139:2, 4).

11. "Está establecido para los hombres que mueran una sola vez, y después de esto el juicio" (Hebreos 9:27). "Los cuales sufrirán pena de eterna perdición, excluidos de la presencia del Señor" (2 Tesalonicenses 1:9). "Y muchos de los que duermen en el polvo de la tierra serán despertados, unos para vida eterna, y otros para vergüenza y confusión perpetua" (Daniel 12:2). En Mateo 25:46 Jesús dice: "E irán éstos al castigo eterno, y los justos a la vida eterna". "Y el humo de su tormento sube por los siglos de los siglos. Y no tienen reposo de día ni de noche" (Apocalipsis 14:11).

12. Ver *Hell Under Fire* y *Hell on Trial*, enumerados en la Bibliografía.

13. "El que rescata del hoyo tu vida, el que te corona de favores y misericordias" (Salmo 103:4).

14. "El cual quiere que todos los hombres sean salvos y vengan al conocimiento de la verdad" (1 Timoteo 2:4). "El Señor no retarda su promesa, según algunos la tienen por tardanza, sino que es paciente para con nosotros, no queriendo que ninguno perezca, sino que todos procedan al arrepentimiento" (2 Pedro 3:9). "Vivo yo, dice Jehová el Señor, que no quiero la muerte del impío, sino que se vuelva el impío de su camino, y que viva" (Ezequiel 33:11).

15. En Mateo 25:41 Jesús dice: "Apartaos de mí, malditos, al fuego eterno preparado para el diablo y sus ángeles".

16. "El que gana almas es sabio" (Proverbios 11:30). "Y les dijo: Id por todo el mundo y predicad el evangelio [buenas nuevas] a toda criatura" (Marcos 16:15). "Sino que según fuimos aprobados por Dios para que se nos confiase el evangelio, así hablamos; no como para agradar a los hombres, sino a Dios, que prueba nuestros corazones" (1 Tesalonicenses 2:4). En *Hell's Best Kept Secret* (El secreto mejor guardado del infierno), Ray Comfort afirma: "Si realmente creyéramos en el infierno, rogaríamos a los pecadores". [Ray Comfort, *Hell's Best Kept Secret* (Springdale, PA: Whitaker House, 1989), 73].

17. Comfort, *Hell's Best Kept Secret*, 73.

18. "Y el Espíritu es el que da testimonio..." (1 Juan 5:6).

19: "Hagamos al hombre a nuestra imagen, conforme a nuestra semejanza" (Génesis 1:26). "Todos los que me aborrecen aman la muerte" (Proverbios 8:36). "¿No odio, oh Jehová, a los que te aborrecen?" (Salmo 139:21). "Si el mundo os aborrece, sabed que a mí me ha aborrecido antes que a vosotros" (Juan 15:18). Odiar a Dios o a personas tiene una influencia demoníaca.

20. "El ladrón no viene sino para hurtar y matar y destruir; yo he venido para que tengan vida, y para que la tengan en abundancia" (Juan 10:10). "Jesús de Nazaret... anduvo haciendo bienes y sanando a todos los oprimidos por el diablo" (Hechos 10:38). Ver también Proverbios 3:2; 19:23.

21. "En mi nombre echarán fuera demonios" (Marcos 16:17). "He aquí os doy potestad de hollar serpientes y escorpiones, y sobre toda fuerza del enemigo, y nada os dañará" (Lucas 10:19). "Mayor es el que está en vosotros, que el que está en el mundo" (1 Juan 4:4).

22. "... el amor de Cristo, que excede a todo conocimiento" (Efesios 3:19). Ver también Juan 3:16.

23. "Aún hay esperanza para todo aquel que está entre los vivos" (Eclesiastés 9:4).

24. "Ni los que descienden al sepulcro esperarán tu verdad" (Isaías 38:18). "Cuando muere el hombre impío, perece su esperanza; y la expectación de los malos perecerá" (Proverbios 11:7). "En aquel tiempo estabais sin Cristo... sin esperanza y sin Dios en el mundo" (Efesios 2:12). "Tales son los caminos de todos los que olvidan a Dios; y la esperanza del impío perecerá" (Job 8:13).

25. Billy Graham, *Angels: God's Secret Agents* [Ángeles: los agentes secretos de Dios], (Nashville, TN: W Publishing Group, 2000), 75.

26. "Conociendo, pues, el temor del Señor, persuadimos a los hombres" (2 Corintios 5:11). "Porque hay un solo Dios, y un solo mediador entre Dios y los hombres, Jesucristo hombre" (1 Timoteo 2:5).

[Capítulo 4]

EL REGRESO

MIRÉ HACIA ABAJO Y PUDE ver el círculo de la tierra.[1] Era completamente impresionante. De hecho, hubo un tiempo en que yo quería ser astrónomo; al igual que muchos muchachos, yo siempre había deseado ver la tierra desde el espacio. En aquel momento, la tierra estaba delante de mis ojos, inmensamente grande, y simplemente estaba colgada "sobre la nada" (Job 26:7).[2] Podía sentir el poder de Dios, y supe que todo estaba perfectamente bajo su control.[3] La tierra giraba de modo muy preciso, sin variar ni siquiera un kilómetro por hora. Los vastos océanos se mantienen dentro de sus límites, sin derramarse en la tierra y sin moverse más allá de lo que Dios les ha ordenado.[4] La tierra muestra el poder y el control absolutos de Él; y Él no controla perfectamente solo la tierra, sino también todo el universo, con sus planetas y sus estrellas.[5] Sin embargo, ni un solo pajarillo "cae a tierra sin vuestro Padre", y "aun vuestros cabellos están todos contados" (Mateo 10:29-30). La extensión de su gran poder es sencillamente inconcebible.

Con todo ese poder, es bueno que Él sea un Dios bueno y amoroso.[6] Si se le da a la mayoría de la gente un poco de poder terrenal, se vuelven orgullosos, presumidos y menos compasivos; sin embargo, Dios tiene todo poder y aún "es amor". Eso no significa que todo lo que sucede en la tierra sea su voluntad; sin embargo, lo que sí significa es que todo está dentro de su conocimiento y su control. Precisamente por esa razón, como cristianos necesitamos orar: "Hágase tu voluntad, como en el cielo, así también en la tierra" (Mateo 6:10).

A medida que Jesús y yo comenzamos a movernos hacia la tierra, los continentes surgieron a la vista. Recuerdo el momento en que volvimos a entrar a la atmósfera. Sé que entrar de nuevo a la atmósfera de la tierra es una experiencia terriblemente complicada para los astronautas, y sentí el momento en que atravesamos esa barrera.

Creo que a cualquiera que vea la tierra desde el espacio le sería difícil negar la existencia de un Creador. Mis padres vivían cerca de Cabo Cañaveral, Florida, y a veces tenían como invitados en su casa a astronautas. Además, muchos de ellos se habían convertido en cristianos después de salir al espacio y ver la creación de Dios.

Se me recordó la bondad de Dios; Él conoce los detalles más íntimos de nuestras vidas y, sin embargo, supervisa el universo. Cuando yo era niño, crecí viendo *Star Trek* y, como ya mencioné, siempre había soñado con ver el espacio. Para mí es asombroso que el Señor recordara aun algo tan pequeño como el deseo en mi niñez y me permitiera experimentar el espacio, ¡con Él!

Nos apresuramos hacia California y enseguida llegamos a mi casa. Cuando estábamos sobre la casa, pude ver a través del tejado. Al mirar a la sala, me sorprendí al ver mi cuerpo tumbado en el piso de la sala.

Apenas podía creer que era yo. Pensé: *No, este es mi verdadero yo*. De inmediato me vino a la mente el pasaje donde Pablo dijo: " Porque sabemos que si nuestra morada terrestre, *este tabernáculo*, se deshiciere, tenemos de Dios un edificio, una casa no hecha de manos, eterna, en los cielos" (2 Corintios 5:1, énfasis añadido). Mi experiencia podía compararse a si usted sale de su auto y luego se pone a un lado y lo mira. No es usted; es solamente un vehículo que le transporta de un lugar a otro. Mi cuerpo allí tendido parecía muy temporal, y mi vida parecía muy corta. La duración de mi vida me pareció tan corta como el tiempo necesario para que salga vapor de una tetera. Se desvanece con rapidez.[7] Durante esa experiencia, tuve un entendimiento de la eternidad y un mayor sentido de lo que era importante para Dios. A veces, lo que podemos pensar que es muy importante no es realmente importante en absoluto.

Recuerdo atravesar el tejado y entrar en mi sala. Al aproximarme a mi cuerpo, parecía que me atraía para que entrara en él, y fue en ese momento cuando el Señor se fue. Inmediatamente, los horrores del infierno regresaron a mi mente. Mientras el Señor estaba conmigo, el temor y los tormentos del infierno me abandonaron;[8] pero cuando Él se fue, el temor regresó.

Comencé a gritar y seguí allí tendido en un estado de trauma. Estoy seguro de que habrá oído de alguien en una situación de guerra que entra en estado de trauma, o de un accidente de auto que causa a la víctima un grave shock. Bien, el infierno es mucho peor que cualquier horror que la tierra pudiera producir. Fue mucho más de lo que cualquiera podría soportar. El cuerpo humano no puede sostenerse bajo todo ese terror. La tan conocida expresión: "Murió de miedo" es totalmente posible para cualquiera que retenga los recuerdos del infierno. Mis gritos eran lo bastante fuertes para llegar al dormitorio y despertar a mi esposa de un profundo sueño.

Dejaré que Annette comparta su perspectiva de aquella noche.

LA HISTORIA DE ANNETTE

Me desperté por los gritos que venían del final del pasillo. Mi primera reacción fue mirar a mi derecha para ver si Bill estaba allí a mi lado en la cama. No estaba. Me volví a mi izquierda y miré al reloj digital, y vi que eran las 3:23 de la madrugada. Me levanté de la cama y fui por el pasillo hasta la sala, donde encontré a Bill tendido en posición fetal con sus manos agarrando los lados de su cabeza. Su respiración era irregular, y gritaba: "¡Siento que voy a morir!". Yo pensé que estaba sufriendo un ataque al corazón. Le pregunté: "¿Qué pasa?".

Él gritó: "EL SEÑOR ME LLEVÓ AL INFIERNO. ¡ORA POR MÍ! ¡ORA PARA QUE EL SEÑOR QUITE DE MI MENTE EL TEMOR!".

Yo nunca le había visto de aquella manera. Bill es una persona reservada y calmada; todos los que le conocen dirían que él es muy equilibrado, firme y coherente, y ha sido así toda su vida. Por eso que Bill estuviera descontrolado y traumatizado de aquella manera es algo completamente contrario a su naturaleza.

Fueron necesarios unos segundos para que yo procesara la conmoción de lo que había oído. Aunque estaba conmocionada, tuve un sentimiento de paz en mi interior, y creí por completo a Bill. Sentí alivio al saber que no estaba sufriendo un ataque al corazón. En mi corazón yo sabía que él estaría bien, y comencé a orar. Después de un breve rato, Bill comenzó a calmarse y a recuperar su compostura. Sus gritos se apaciguaron, su respiración volvió a la normalidad, y fue capaz de ordenar sus pensamientos. Me pidió un vaso de agua.

MI HISTORIA CONTINÚA

Recuerdo quedar sorprendido al mirar el agua que había en el vaso que Annette me había dado. Era vida en un vaso. Me la bebí y pedí otro vaso; nunca más quería volver a tener sed.[9] Después de beberme el segundo vaso, mi esposa y yo regresamos al dormitorio. Sentados en la cama, comencé a contarle lo que había sucedido. Mencioné que de alguna manera sabía que eran las 3:00 de la madrugada del día 23 de noviembre cuando abandoné nuestra casa. Después de que ella orase por mí, Dios dejó en mi mente los recuerdos de mi experiencia, pero sin el horror, y estoy agradecido de que lo hiciera.

Si el Señor no hubiera quitado de mí el horror de aquellos recuerdos con el dolor y el sufrimiento, sé que habría muerto. Una persona no puede vivir con tal horror en su mente. Aun las tragedias naturales con frecuencia necesitan años, e incluso décadas, para que el dolor remita y las personas puedan mirar atrás y hablar de sus situaciones sin trastorno.

Recuerdo a un amigo, Jake Greenwald, que es un superviviente del *USS Indianápolis*, que se hundió en el océano Pacífico durante la Segunda Guerra Mundial.[10] Aproximadamente novecientos hombres quedaron a la deriva en el océano por cinco días sin botes salvavidas. Los tiburones se comieron vivos aproximadamente a seiscientos de los hombres. Jake compartió conmigo el horror que soportó al oír los gritos de sus compañeros durante la noche mientras los tiburones se los comían uno a uno. Aunque él sobrevivió a los tiburones, las graves quemaduras del sol y el agua salada literalmente abrieron la piel de la espalda y las piernas de Jake. La experiencia fue tan traumática que tuvieron que pasar más de cincuenta años hasta que finalmente pudiera hablar de ello.

Verdaderamente doy gracias a Dios porque no necesité años, ni siquiera días, para recuperarme de mi visita al infierno. En un instante, Dios quitó el temor y dejó mi memoria de modo que pudiera relatar la historia a otros. Aunque ya no soportaba la angustia emocional, estaba totalmente agotado. La fatiga era mayor que ninguna otra cosa que haya experimentado en toda mi vida.

Aun así, al día siguiente yo quería llamar a todas las personas que conocía y que no creían en el infierno y hacer que me escucharan.

Sabía que necesitaba descansar y darme tiempo para recuperarme, pero tenía que alertarlos. No quería hacerlo solo con mis amigos y mis familiares, sino con todos. De hecho, necesité casi un año completo para tranquilizarme.

Es nuestra obligación ineludible advertir a los pecadores del aterrador peligro. Permanecer en silencio es delictivo.[12]

—A. W. PINK

Yo no quería que ni una sola persona fuera donde yo había estado. Me despertaba cada mañana pensando que tenía que advertir a la gente, y me acostaba cada noche preguntándome cómo podía haber perdido ese día. Dondequiera que iba, miraba a la gente y pensaba: *Me pregunto cuántos de ellos van a ir al infierno.*[11] *Debo encontrar una manera de hablarles de Jesús.*

Durante el año siguiente, hubo veces en que me irritaba con personas que decían que no creían en Jesús, en el cielo o en el infierno. Cuando uno conoce la verdad, quiere desesperadamente convencer a otros de que el infierno es real y de que Jesús es la única salida. A veces simplemente se me acababa la paciencia, porque sé dónde van a ir si no escuchan. No es solamente que yo esté ansioso por hablarles a otros debido a mi experiencia; también se debe a lo que Dios dice en su Palabra. Eso es lo que cuenta. No me molesto con las personas en sí sino con lo difícil que es persuadirlos de la verdad.

Para poner una analogía, trate de imaginar cómo se sentiría si estuviera sentado al lado de un estanque y viera a un camión cisterna detenerse con algunos hombres de aspecto malvado en él. Los hombres se bajaron del camión y comenzaron a vaciar el agua del estanque hasta dejarlo a la mitad; luego lo volvieron a llenar con otro líquido que llevaban en el camión. Sin embargo, no es agua: ¡es ácido! Usted observa a los hombres lanzar al estanque una barca de madera, y la barca se desintegra de inmediato. Obviamente, esos hombres están planeando matar a cualquiera que se meta en el estanque aparentemente inocuo.

Después los hombres se van en el camión. Unos minutos después, algunos niños llegan corriendo al estanque para meterse. Usted inmediatamente grita y les advierte de que hay ácido en el agua, pero ellos no lo creen. Usted grita con desesperación, diciéndoles que no se metan en el estanque; sin embargo, a ellos el agua les parece estupenda: es atrayente. ¡Qué frustrado estaría usted! No podría permitir que se metieran, aunque ellos insistieran. Se sentiría obligado a hacer cualquier cosa para salvarlos.

Recuerdo un día en que recibí una llamada de una anciana que estaba pensando en vender su casa. Ella me pidió que fuera a hablar con ella acerca de eso; dijo que quería venderla enseguida porque estaba enferma. Yo le dije: "¿Por qué no espera hasta que se sienta un poco mejor y no toma esa importante decisión bajo el estrés de una operación de cáncer?".

Ella entonces estuvo de acuerdo en esperar. Al hablar con ella, ya que parecía estar tan cerca de la muerte, le pregunté si conocía a Jesús. Ella me dijo: "No creo en absoluto en todos esos cuentos de hadas de la Biblia".

Yo intenté todo lo que pude para convencerla de que no jugara con su eternidad. Ella dijo que creía que todo eso eran tonterías y que me guardara mis creencias para mí mismo. Me fui con un sentimiento de profunda tristeza. Ella se veía tan frágil y enferma que yo sentí que no viviría mucho tiempo más.

La mañana siguiente ella había muerto. Yo sentí una gran angustia por su alma. Si ella rechazaba los últimos esfuerzos de Dios debido a su corazón endurecido, yo sabía que ella estaría en aquel momento en aquel lugar terrible.

Es frustrante oír a alguien decir: "No creo en esas cosas de la Biblia. Si hay un Dios, Él nunca enviaría a alguien a un lugar tan horrible". Bien, ¡*Él no lo hace*! Él no quiere que nadie vaya allí: nunca. Él dio su vida para que pudiéramos vivir.[13]

Aquí está la ironía. Por un lado, yo estaba casi obsesionado con advertir a las personas acerca del infierno y quería decirle a todo el mundo cómo evitarlo; sin embargo, al mismo tiempo, no quería hablarle a nadie acerca de mi "visita" personal allí o del tiempo que pasé con el Señor. Las palabras no pueden expresar lo que fue estar en su presencia. Supongo que sentía que de algún modo estaba protegiendo un tesoro.

Por tres meses lo guardé para mí mismo, a excepción de compartirlo con mi mamá y con un amigo íntimo.

[CAPÍTULO 4 – NOTAS]

1. "Él está sentado sobre el círculo de la tierra" (Isaías 40:22). Isaías fue escrito aproximadamente en el año 750 a. C. y, sin embargo, el hombre creyó que el mundo era plano hasta la época de Cristóbal Colón.
2. "Por quien asimismo hizo el universo... quien sustenta todas las cosas con la palabra de su poder" (Hebreos 1:2-3).
3. "Toda potestad me es dada en el cielo y en la tierra" (Mateo 28:18).
4. "Cuando ponía al mar su estatuto, para que las aguas no traspasasen su mandamiento" (Proverbios 8:29). "Tú fijaste todos los términos de la tierra" (Salmo 74:17).
5. "Los cielos cuentan la gloria de Dios, y el firmamento anuncia la obra de sus manos" (Salmo 19:1).
6. "Dios es amor" (1 Juan 4:16).
7. "Porque mis días se han consumido como humo" (Salmo 102:3). "Porque ¿qué es vuestra vida? Ciertamente es neblina que se aparece por un poco de tiempo, y luego se desvanece" (Santiago 4:14).
8. "Sino que el perfecto amor [que es Jesús] echa fuera el temor" (1 Juan 4:18).
9. "Cualquiera que bebiere de esta agua, volverá a tener sed; mas el que bebiere del agua que yo le daré, no tendrá sed jamás" (Juan 4:13-14). "Y el que tiene sed, venga; y el que quiera, tome del agua de la vida gratuitamente" (Apocalipsis 22:17).
10. USS Indianapolis (CA-35) Survivors, Only 317 Survived! [Sobrevivientes, ¡Sólo 317 sobrevivieron! (Indianapolis, IN: Printing Partners, 2002), 183.

11. "Entrad por la puerta estrecha; porque ancha es la puerta, y espacioso el camino que lleva a la perdición, y muchos son los que entran por ella" (Mateo 7:13).

12. A. W. Pink, Eternal Punishment, Introduction, paragraph 6, http://www.crta.org/eschaton/pink_eternal_punishment.htm l (accesado el 4 de agosto de 2005).

13. "Mas Dios muestra su amor para con nosotros, en que siendo aún pecadores, Cristo murió por nosotros. Pues mucho más, estando ya justificados en su sangre, por él seremos salvos de la ira" (Romanos 5:8-9). Ver también Romanos 6:23; Juan 3:16.

Capítulo 5

CONFIRMACIONES

HAN PASADO YA SIETE AÑOS desde mi visita al infierno, y no hemos solicitado ni una sola puerta; pero Dios nos ha dado numerosas oportunidades de hablar a docenas de iglesias, de compartir en programas de televisión y en varios programas de radio, todo ello mediante invitación. Aún sigo estando de alguna manera reticente porque personalmente nunca he sido una persona a la que le guste hablar en público. Dada la seriedad del tema, es fácil ver que la gente podría pensar que yo, o bien tuve un mal sueño, o bien estoy totalmente loco. De cualquier manera, a veces no es fácil volver a relatar toda la historia.

Eso no es lo mismo que decir que no recibo con agrado las oportunidades cuando surgen, pues son para mí, personalmente, una de las mayores confirmaciones en que Dios quiere que este mensaje se oiga. Los mensajes de correo electrónico, las llamadas y los incontables relatos de muchos que se han convertido en cristianos después de escucharme relatar mi experiencia continúan reafirmando que Dios está abriendo las puertas.

Dios ha confirmado esta experiencia muchas veces. En este capítulo compartiré varios incidentes que han sucedido.

UNA SEGUNDA MIRADA

Un día después de la experiencia del 22 de noviembre de 1998, yo iba a dejar en casa de un amigo algunos papeles relacionados con el negocio. Casualmente, aquella era la misma casa en que mi esposa y yo estuvimos la noche anterior a mi viaje al infierno. Mientras conducía hacia allí, le dije al Señor: "Señor, ¿puedes simplemente confirmar que verdaderamente estuve allí anoche? Sencillamente es de locos pensar que en realidad fui al infierno. ¿Podrías mostrarme otra vez sólo una mirada de aquel lugar por unos segundos?".

Me detuve delante de su casa y estacioné. De repente, estaba otra vez en el infierno; sin embargo, aquella vez fue diferente. Durante mi primera visita al infierno, yo era un participante del sufrimiento, pero esa vez yo estaba allí solo como observador. Aun así, el estar allí fue suficiente para aterrarme otra vez.

Aquel "tour" no duró más de diez segundos antes de estar de nuevo en mi auto, tratando de procesar lo que acababa de suceder, ahora por segunda vez. Necesité unos veinte minutos, sentado a solas en mi auto, para calmarme y recuperarme y así poder atender a los negocios que tenía que atender. La conmoción seguía conmigo cuando entré en la casa, y apenas si pronuncié palabra. En cierto momento, mi amigo preguntó: "¿Estás bien?".

Yo simplemente contesté: "Oh, estoy bien, gracias", y luego terminé mis negocios y me fui.

Mientras conducía de regreso a casa, mi primer pensamiento fue que tenía que contarle a mi esposa lo que había sucedido. Comprendí que aquello era bastante serio. Estaba perplejo por lo que había visto pero también agradecido de que el Señor hubiera respondido mi oración con tanta rapidez y hubiera confirmado la experiencia de modo tan concreto. Sin embargo, ya fue suficiente. Le pedí al Señor que nunca más me llevara allí y, hasta el día de hoy, Él no lo ha hecho.

UNA INTERRUPCIÓN DIVINA

Una semana después, estaba comiendo con tres pastores locales. Sentados en el restaurante y conversando, uno de los pastores mencionó que le habían hecho unas reparaciones en su auto. Inesperadamente, cambió por completo el tema, se volvió hacia mí y dijo: "¿Imaginas lo terrible que debe de ser para la gente estar en el infierno? Debe de ser horrible. Debemos advertir a la gente". Entonces, igual de inesperadamente, se volvió a los otros pastores y siguió hablando de las reparaciones en su auto. Fue como si él y los otros pastores ni siquiera notaran lo que había dicho. Fue verdaderamente extraño, ya que ninguno de ellos sabía de mi experiencia en aquel momento. Fue como si Dios le estuviera usando a él para hablarme.

No más de tres meses después mi esposa y yo estuvimos con aquel mismo grupo de pastores. El mismo pastor que me habló del infierno en aquella comida entonces se sintió impulsado a decir: "Bill, siento que has pasado por una experiencia traumática. Deberías hablarnos de ello". Fue entonces cuando compartí la experiencia con ellos.

UNA CONEXIÓN DIVINA

Yo no había querido contarle a nadie lo que había sucedido, y no lo hice durante tres semanas. Mi esposa y yo estábamos comiendo con una pareja de la que somos amigos, y mi esposa sintió que yo debía compartir mi experiencia con ellos. Después de habérsela contado, ellos mencionaron cierto libro escrito por una mujer que también había visto el infierno y preguntaron si lo habíamos leído. Les dijimos que no, y ellos nos dijeron que, en su libro, aquella mujer relataba algunas de las mismas experiencias de las que yo había hablado. Compramos el libro, y yo quedé inmerso en él. Queríamos conocer a la autora, pero no sabíamos cómo ponernos en contacto con ella personalmente, y mucho menos concertar una cita.

Unas dos semanas después, yo estaba hablando por teléfono con mi mamá, planeando un viaje para ir a visitarla. Durante nuestra conversación, ella me dijo que recientemente había escuchado una cinta de una mujer que daba su testimonio de una visita al infierno. Resultó ser la misma mujer cuyo libro acabábamos de leer, así que procedí a contarle a mi mamá lo que me había sucedido. Tras unos días más, mi mamá volvió a llamarme, pues había descubierto que ella y aquella mujer asistían a la misma iglesia.

Cuando llegamos, descubrimos que aquella mujer también había llegado el mismo día; y cuando asistimos a la iglesia el domingo, ella también asistió. Todo eso en sí mismo era un milagro, porque su calendario de conferencias la mantiene ocupada por todo el mundo y no le permite asistir a muchos servicios. Después del servicio tuvimos la oportunidad de conocerla, y hablamos durante unas tres horas. Me ayudó mucho poder hablar con otra persona que hubiera estado allí.

Ella pudo contarme algunas de las cosas por las que había pasado tras su experiencia, y eso me ayudó a prepararme para lo que iba a afrontar. Ella sencillamente sabía por lo que yo estaba pasando, y pudo explicarme muchos de mis sentimientos. Durante los meses siguientes, hubo veces en que yo me encontré en ciertas circunstancias, o me sentí de cierta manera, y sus generosas palabras venían a mi memoria y me ayudaban a atravesar lo que estuviera afrontando. Verdaderamente creo que no fue un accidente que pudiera conocerla.

UN TIERNO GIGANTE

Cuando estuve en el infierno, solamente pensé concretamente en tres personas: mi esposa, mi amigo el pastor Raúl, y alguien a quien no conocía personalmente pero que había visto frecuentemente en el gimnasio. Este tercer hombre no nos conocía, pero uno no podía ignorarlo cuando estaba allí debido a su estructura física tan masiva y poderosa. Recuerdo haber pensado en él cuando algunos de los demonios del infierno me agarraban. Él me vino a la mente cuando pensé: *Aun el hombre más fuerte que haya visto no sería rival para estas criaturas.*

Unas dos semanas después de mi experiencia, mi esposa y yo estábamos en el gimnasio, montados sobre las bicicletas estáticas, cuando el inmenso hombre pasó a nuestro lado. De repente se detuvo y dijo:

—¿Les importa si les hago una pregunta?

Le dijimos que no, que no nos importaría, y entonces él preguntó:

—¿Saben algo acerca de Dios?

—Sí—contestamos nosotros.

—Puede que esto suene extraño—continuó él—, pero siento como si Dios me estuviera llamando. Tuve este sentimiento de detenerme y hablar con ustedes.

Hablamos con él durante un largo rato, y nos hicimos amigos. Con el tiempo, él también recibió a Jesús como su Salvador. Cuando llegamos a conocerlo, descubrí que él había ganado la competición del "Hombre más fuerte del mundo" en el año 1996, y aún sigue siendo uno de los hombres más grandes que yo haya visto jamás.

LÍDERES DE IGLESIAS ESCUCHAN

Tres meses después de mi experiencia, llamé a Darrel Ballman —que ha sido un buen amigo por veinticinco años— y a su esposa, Evie, para confiarme a ellos. Son dos de los cristianos más maduros y experimentados que conozco. Darrel siempre ha sido un líder respetado en la iglesia y tiene mucho conocimiento en cuanto a temas bíblicos. Después de contarles mi historia, ellos me pidieron que hablase a aproximadamente cincuenta líderes de iglesias y pastores que ellos invitarían a su casa. Resultó ser una estupenda reunión. Todos los que estaban allí sintieron que la experiencia era genuina y agradecieron lo que yo había compartido.

Uno de los pastores habló con nosotros después, y nos dijo que había estado orando recientemente y había sentido que iba a aprender más sobre el infierno en un futuro cercano. Él pensó que Dios iba a revelarle algunas verdades sobre el infierno, y que él debía compartirlas con su congregación. Eso había sido publicado en su boletín de noticias. Unas semanas después, sintió el deseo de llamar a un amigo suyo llamado Darrel. No tenía ninguna razón en particular para llamarlo, pero sintió que debía hacerlo. En su conversación telefónica, Darrel mencionó que iba a tener a un hombre en su casa que hablara de su reciente viaje al infierno. De inmediato, aquel ministro dijo: "¡Eso es! Yo debo estar allí". Así que asistió.

Tras escuchar nuestro testimonio y hablar con nosotros después, estuvo convencido de que mi esposa y yo debíamos visitar su iglesia. De hecho, muchos de los otros líderes también nos pidieron que fuéramos a hablar a sus iglesias o a dar un estudio bíblico. Nosotros aceptamos cada invitación y fuimos testigos de cómo el amor de Dios atrajo a muchos a Cristo.

UNA RESPUESTA A UNA ORACIÓN

En otra ocasión nos pidieron a mi esposa y a mí que hablásemos en una gran iglesia rusa en Sacramento. Fuimos, y resultó ser una experiencia maravillosa, que nunca olvidaremos. Era una iglesia muy ortodoxa, pero llena del Espíritu. Las mujeres aún llevaban pañuelos sobre sus cabezas y vestidos que les llegaban hasta los tobillos. Muchos habían escapado de Rusia y habían estado en campos de concentración en Alemania durante los años cuarenta.

Después de hablar aquella noche, uno de los ancianos de la iglesia se acercó a nosotros y nos dijo por medio de un intérprete que él era judío ruso y que le habían metido en los hornos en uno de los campos de prisioneros. Un amigo le había sacado del horno y pudo salvarle la vida; dijo que durante aquella experiencia había muerto y había sido llevado al infierno. Me dijo que había visto exactamente lo que yo había compartido con el grupo aquella noche.

Con lágrimas corriendo por su curtido rostro, dijo que él había orado que algún día alguien llegara y confirmara lo que él había visto. Finalmente, después de cincuenta y seis años, su oración fue contestada. Él había escrito un libro sobre su experiencia, que nos dedicó y nos regaló. Nos dio muchas gracias por haber ido y haber respondido la oración que hizo todos aquellos años. Saber que habíamos sido una respuesta a las oraciones de aquel anciano tras todos aquellos años nos proporcionó un sentimiento de gran honor y humildad.

La noche siguiente me pidieron que hablara en el programa de televisión ruso que se emitía en Sacramento, Los Angeles, Canadá y Rusia. Aquel viejo caballero fue al canal de televisión y se sentó en primera fila para honrarnos y alentarnos, y nosotros lo agradecimos mucho. Los rusos, en especial quienes mantenían el ministerio de la televisión, eran personas excepcionales, y estaban muy dedicados a servir al Señor. Nos cayeron realmente bien, y hemos permanecido en contacto con ellos. Ellos estaban muy agradecidos de estar en los Estados Unidos y de tener todas las libertades que nosotros damos por sentadas. Supimos que estábamos en la perfecta voluntad de Dios al haber realizado aquel viaje.

UNA CLASE EN LA UNIVERSIDAD

Me entrevistaron en un programa de radio con Holly McClure, y llegó un mensaje de correo electrónico de un profesor en una universidad en Southern California. Era una universidad pública, no una escuela cristiana. El profesor preguntó si yo compartiría mi experiencia con su clase de filosofía, ya que estaban hablando de temas relacionados con la vida después de la muerte. Mi esposa y yo fuimos, y descubrimos que fue otra experiencia "en la voluntad de Dios".

Yo no llevaba ni cinco minutos compartiendo mi historia cuando ya había manos que se levantaban con preguntas: muy buenas preguntas. Ellos estaban muy poco familiarizados con las cosas de Dios, pero tenían hambre de aprender y de obtener respuestas. Querían saber muchas cosas: "¿Por qué habría un lugar como el infierno?"; "¿por qué enviaría Dios a alguien allí?"; "¿cómo sabía yo que no habían sido mis propias ideas preconcebidas y aprendidas lo que causó que quizá soñara una cosa como esa?"; "¿cómo puede uno, entonces, ser lo bastante bueno para ir al cielo?", etc.

Pudimos aclarar numerosas preguntas para aquellos jóvenes. La mayoría de los alumnos nunca habían leído una Biblia ni habían asistido a una iglesia. Muy pocos de ellos habían visto alguna vez la película *Los diez mandamientos* o cualquier otra película religiosa. A muchos de los jóvenes de nuestro mundo se les enseña que cualquier cosa que les parezca correcta a ellos está bien; no se les dice que hay un bien y un mal, y no saben del gran amor de Dios por ellos y de su voluntad para sus vidas.

Es muy interesante ver cómo los jóvenes reaccionan a esta historia. Para ser sincero, yo no soy el tipo de persona hacia la que ellos se sentirían atraídos de modo natural; hay muchos otros que son más dinámicos, más emocionantes, más carismáticos, y que parecerían encajar mejor con ellos; pero creo que eso es sencillamente otra confirmación de que Dios está detrás de este mensaje.

Normalmente, las personas más jóvenes tienen una menor capacidad de atención y necesitan entretenimiento constante si uno quiere mantener su interés. A pesar de eso, casi cada oportunidad que he tenido de hablar a esa generación ha sido muy fructífera. Ellos siempre parecen escuchar con atención y absorber cada palabra.

LLAMADA A LA RADIO

Después de una entrevista en la radio con Holly McClure, una mujer llamó; dijo que iba conduciendo por la carretera con su hijo adolescente y que él iba escuchando música horrible. Ella le dijo que no podía soportar más esa música y trató de cambiar de emisora, pero él seguía cambiándola para escuchar su música. Ella la volvió a cambiar, esta vez para oír la entrevista que Holly me hacía. El hijo escuchó aproximadamente unos quince segundos, y entonces le dijo a su mamá que dejara esa emisora. Ella quedó sorprendida. Él escuchó todo el programa y le dijo que necesitaba aceptar al Señor, y que no quería ir al infierno. Ella estaba perpleja, pues había intentado por mucho tiempo poder comunicarse con él. Llamó para dar las gracias a Holly por haberme entrevistado.

LA GENERACIÓN MÁS JOVEN

Nunca olvidaré cuando mi esposa y yo fuimos invitados a la casa de un pastor en el área de Anaheim Hills en el sur de California. Su casa tenía un patio trasero muy grande, y para sorpresa nuestra ellos habían montado allí todo un escenario, una pantalla y luces profesionales. Aproximadamente unos doscientos alumnos de secundaria llegaron aquella tarde para oír a algunos músicos cristianos y después mi relato sobre el infierno. Ellos verdaderamente realizaron un tremendo esfuerzo, y fue maravilloso ver a tantos jóvenes dedicar y rededicar sus vidas a Cristo.

En otra ocasión me invitaron a hablar ante un ministerio de jóvenes en South Orange County. Uno podía escuchar el ruido de un alfiler al caer cuando yo compartí mi experiencia con ellos. Escucharon con mucho interés, tenían muchas preguntas, y querían desesperadamente materiales para poder compartir con sus amigos. Después de hablar con ellos, el pastor de jóvenes me dijo que nunca los había visto tan atentos anteriormente.

Es un privilegio hablar ante la generación más joven. Ellos son agudos, inteligentes, y no te dan respiro. Agradezco su franqueza y su curiosidad con respecto a Dios y a lo sobrenatural.

KANSAS CITY

Este es otro relato del modo en que Dios orquestó y dio confirmación. Estábamos en una reunión de oración una noche, y un pastor dijo: "Siento que deben ir a Kansas City, que Dios está haciendo algo grande en Kansas". Al día siguiente recibimos una llamada de Hal Lindhardt, que ha sido pastor por mucho tiempo en el área de Kansas City, y nos pidió si podíamos ir para hablar en varias iglesias. Él había visto un vídeo de mi esposa y yo, y realmente quería que fuéramos y compartiéramos allí. Nosotros sabíamos que Dios nos estaba diciendo que fuéramos.

Después de llegar a Kansas, Hal nos contó cómo había sucedido todo. Él recientemente se había unido a otro ministerio. Una señora cercana al ministerio tuvo una visión del infierno y se sintió muy perturbada por ello; le habló al pastor sobre la visión, y eso le impulsó a él a pedirle a Hal que hiciera un estudio profundo sobre el infierno. Durante el estudio de Hal, otro líder de la iglesia dijo que había visto un vídeo de nosotros compartiendo nuestra experiencia sobre el infierno; le dio el vídeo a Hal, quien supo que aquello era una señal de

Dios para ayudarlo a completar su estudio. Le preguntó a su pastor si podía invitarme a hablar en su iglesia; su pastor estuvo de acuerdo, y entonces él se puso en contacto con nosotros.

Fue para nosotros un placer conocerlo a él y a su familia durante nuestra semana en Kansas City. Aunque estábamos allí solamente para una breve visita, sentimos que nos habíamos convertido en amigos para toda la vida. Fuimos inspirados por su humilde actitud, su excelente carácter, su firmeza en cuanto a la verdad y su dedicación a Jesús. Durante aquella semana hablamos en cinco iglesias diferentes, y en cada una de ellas vimos a personas responder al mensaje. Personas de todas las edades compartieron con nosotros que Dios había tocado sus corazones mediante nuestras palabras, y que sus vidas habían cambiado.

Un adolescente en particular pasó al frente y entregó su vida a Jesús. Justamente una semana antes, él había intentado suicidarse porque se enfrentaba a la cárcel debido a un reciente accidente de auto.

Otra persona que recuerdo fue una muchachita de siete años. Ella y su mamá se acercaron a nosotros después de una de las reuniones; era evidente que ella había estado llorando, y su mamá nos dijo lo mucho que su hija fue afectada por nuestra historia. Su hija le había dicho: "Tenemos que hablarles a nuestros vecinos de Jesús, ¡porque ellos van a ir al infierno!". Ella estaba tan triste que sollozaba al pensar en sus vecinos pereciendo en un lugar tan horrible. Su mamá fue tocada por la sinceridad de su hija y su compasión por otros, y nos dio las gracias por haber ido y compartido la historia con la iglesia. Nosotros nos sentimos profundamente conmovidos y humillados por la reacción de aquella pequeña niña y su compromiso de hacer algo para ayudar a sus vecinos.

En otra iglesia durante aquel viaje conocimos a una señora que estaba preocupada por su esposo. Por años ella había tratado que él asistiera a la iglesia con ella, pero él se resistía constantemente. Después de la reunión, ella se acercó a nosotros y nos preguntó cuál sería el siguiente lugar donde compartiríamos; ella pensaba que la historia era lo bastante inusual para poder captar la atención de su esposo, y que él podría estar dispuesto a escucharnos. En efecto, ella apareció con su esposo la mañana siguiente en la última iglesia donde hablamos en aquel viaje.

Después ella se acercó a nosotros de nuevo y nos presentó a su esposo. Nosotros no estábamos seguros de lo que esperar, pues él no asistía a la iglesia con regularidad. Para sorpresa nuestra, él estaba emocionado y contento de haber ido; nos dijo que pensaba que la mayoría de las iglesias estaban llenas de retórica hipócrita y que él no necesitaba asistir, pero ahora tenía una perspectiva totalmente distinta. Nos dijo: "Quiero darles las gracias por abrir mis ojos". Él pudo ver que había juzgado mal tanto a Dios como la Biblia, y estaba escogiendo creer de modo diferente en el futuro. Fue cambiado por completo, y su esposa parecía eternamente agradecida. Nos dijeron: "Si alguna vez regresan a la ciudad, ¡pueden quedarse con nosotros!".

Estas son solamente algunas de las numerosas experiencias en Kansas City que realmente nos tocaron. Han pasado varios años desde nuestra visita a Kansas City, pero siguen llegando informes por correo electrónico de muchas personas que vienen a Cristo después de oír de la realidad del infierno.

POR TODO EL MUNDO

Nuestra primera aventura fuera del estado fue en una pequeña iglesia en Texas. Aunque había solamente unas cien personas allí, la reunión resultó tener un efecto mucho mayor de lo que podíamos haber imaginado. No lo sabíamos en aquel momento, pero la iglesia había grabado la reunión en vídeo.

Aun cuando la cinta no resultó tener la calidad más profesional, literalmente ha alcanzado todo el mundo. Hemos recibido cartas de todo Estados Unidos y de muchos otros países, los cuales incluyen China, Japón, Australia y Nueva Zelanda. Han entrado muchas llamadas telefónicas y mensajes de correo electrónico, todas ellas con comentarios positivos.

No se ha dado publicidad a la cinta, ni se ha puesto en el mercado o distribuido de ninguna manera formal. Esta distribución entre la gente es algo que nosotros nunca podríamos haber anticipado o planeado. Realmente creo que ha sido orquestada por Dios para que el mensaje salga; de hecho, algo similar ha sucedido con un CD de audio de este mensaje.

Hace tres años, Hal estaba en una reunión relatando la historia de mi viaje al infierno. Resultó que uno de los hombres que estaba entre la audiencia tenía una empresa de duplicación de audio y dijo que sentía que ese mensaje tenía que ser difundido, y se ofreció a duplicar 500 CDs gratuitamente para que fuesen distribuidos en su comunidad. Varias iglesias en aquella área se emocionaron y decidieron distribuir los CDs en Halloween, y lo han estado haciendo por tres años; han distribuido más de 7,000 CDs solamente en el área de Kansas City.

MÁS RADIO

Recientemente recibí una llamada telefónica del conductor de un programa de radio cristiano. Él había oído una cinta de mi relato, y le había impactado tanto que quería entrevistarme. A medida que hablamos, él compartió una experiencia que tuvo cercana a la muerte. Había muerto e iba de camino al infierno, pero lo revivieron; dijo que había viajado por una gran caverna, similar a un túnel, y aquella caverna estaba revestida de criaturas de toda forma y tamaño. Las criaturas trataban desesperadamente de agarrarlo a medida que él descendía, y conforme la luz iba disminuyendo continuamente, el temor en su interior iba aumentando. Él sabía que estaba de camino al infierno.

Dijo que sabía que yo decía la verdad; además, agradecía todas las referencias de la Escritura para validar la experiencia. El programa de radio fue todo un éxito, y él expresó el deseo de que yo regresara a su programa.

HALLADO EN UN AUTO RENTADO

Esta historia es inspiradora. Hay un caballero que trabaja en una agencia de renta de autos en Kansas City como agente de servicio. Un día encontró un CD en el piso en su estacionamiento de servicio, el cual había sido sacado de alguno de los autos y lo iban a tirar al cubo de la basura porque no había modo de identificar de qué auto provenía. El CD se titulaba: "23 minutos en el infierno". Aquel agente se sintió intrigado por el título y pensó que le gustaría oírlo. Dijo que durante los siguientes cuarenta minutos no pudo apagarlo; admitió que en realidad él nunca había pensado mucho sobre religión y nunca había asistido regularmente a la iglesia. Dijo que él tenía un radar bastante bueno para detectar a alguien que no estuviera diciendo la verdad, pues él había mentido mucho en su vida. Pensó: *Este hombre o bien cree realmente que estuvo en el infierno, o bien estuvo de verdad allí.* No pudo pensar en ninguna otra cosa durante el resto de la noche, y cuando el CD terminó él hizo una oración.

JUSTO A TIEMPO

Esta última historia es bastante seria. Nos recuerda que la vida es verdaderamente corta, y algunas decisiones deberían tomarse enseguida...

Recibí un mensaje de correo electrónico de una señora en Georgia. Cuando era niño, su hijo entregó su vida a Dios y vivía una buena vida pero, desgraciadamente, durante sus años de adolescencia, su vida dio un mal giro y él se metió en drogas y alcohol. Comenzó a meterse en líos y durante veinte años estuvo entrando y saliendo de la cárcel y de hospitales. Una noche, en junio de 2005, su mamá estaba escuchando el CD "23 minutos en el infierno", el cual relata la historia que está en este libro. Para sorpresa suya, su hijo se detuvo para escuchar y se tomó en serio el mensaje. Al final del CD hay una oración, y su hijo la repitió. ¡Estaba muy emocionado! Le dijo a su mamá que el siguiente domingo iría con ella a la iglesia para contar cómo había sido cambiado, pero nunca pudo hacerlo. Aquella noche murió mientras dormía a la edad de treinta y nueve años. En el mensaje de su mamá, ella decía: "En medio de nuestra tristeza por perder a Brian tan repentinamente, tenemos el gozo de saber que él está en la presencia del Señor Jesús". Un día más habría sido demasiado tarde, pero la misericordia de Dios le evitó una eternidad de tormento.

Ha habido muchas otras confirmaciones. Podría continuar con una historia tras otra. Nosotros no hemos buscado ni una sola oportunidad, pero Dios continúa abriendo puertas para compartir este mensaje.

No hay palabras que sean lo bastante descriptivas o adecuadas para que usted pueda imaginar verdaderamente tal pesadilla. Es mi sincera esperanza que en las páginas de este libro haya podido comunicar la realidad de la agonía que uno pasa en el infierno. Por favor, tómelo en serio. Le insto con toda urgencia a que lea los pasajes bíblicos usted mismo.

> Mas Dios muestra su amor para con nosotros, en que siendo aún pecadores, Cristo murió por nosotros. Pues mucho más, estando ya justificados en su sangre, por él seremos salvos de la ira.
>
> —ROMANOS 5:8-9

[Capítulo 6]

¿PUEDE LA GENTE "BUENA" IR AL INFIERNO?

PUEDE QUE USTED PIENSE: *¿Soy yo una persona lo bastante buena para ir al cielo? Sí, creo que lo soy. ¿Quién va al infierno? Solamente las personas malas; personas realmente malas como Hitler, Stalin, asesinos, violadores, y personas similares. Gente que mata a niños. Esas son las personas realmente malas.*

Eso suena razonable para la mayoría de nosotros; ¿pero qué norma se utiliza para determinar si alguien es "lo bastante bueno" para ir al cielo y otro es "lo bastante malo" para ir al infierno? ¿Qué criterio determina nuestro destino eterno? ¿Podría basarse en una norma más elevada? Esto es algo que todos necesitamos saber con seguridad. ¿Qué autoridad puede darnos esas respuestas?

La Biblia tiene mucho que decir acerca de este tema tan generalmente malinterpretado. Quizá usted tenga su propia opinión sobre las realidades del infierno. ¿Está dispuesto a arriesgar su eternidad basado en "su propia opinión"? Ya que la Biblia ha pasado por un escrutinio muy intenso, una profunda y detallada investigación, y miles de años de prueba, puede que quiera al menos investigar lo que ella tiene que decir sobre este asunto.

La calificación para entrar en el cielo (o en el infierno) no se basa en el modo en que nos comparamos con otros. Puede que usted resulte bastante bueno ante sus propios ojos, ¿pero y si le miraran a través de los ojos de alguien que no tenga pecado? ¿Y si fuera usted juzgado no solo por sus actos sino también por sus pensamientos? ¿Le haría sentir eso un poco más incómodo? Si somos sinceros, admitiremos que solamente nuestros actos nos condenarían.

Una muchacha miraba a una hermosa colina cubierta de abundante hierba verde; observó que había un rebaño de ovejas en la colina que parecían muy blancas y limpias, en especial contra el telón de fondo del verde pasto. La muchacha se fue a dormir, y a la mañana siguiente salió de la casa para mirar a las ovejas; sin embargo, había nevado durante toda la noche. Las ovejas seguían estando allí, pero ahora, contra el telón de fondo de la nieve completamente blanca, se veían deslustradas, incluso sucias.[1] Del mismo modo, nuestra "bondad", cuando se compara con la norma de Dios de lo que es "bueno", se queda muy, muy corta.

O quizá considere usted sus actos y sus pensamientos del mismo modo en que Dani veía sus boletos de estacionamiento. Ray Comfort, en su libro *How to Live Forever... Without Being Religious* [Cómo vivir para siempre... sin ser religioso], explica lo que le sucedió a su amigo Dani.[2] "Cuando me contó que una vez fue a la cárcel por no pagar unos boletos de estacionamiento, yo le pregunté: '¿Por qué no los pagaste?', y él respondió: 'Eran simplemente boletos de estacionamiento; no era una gran cosa'. Entonces me dijo que la policía fue a su casa a las 4:00 de la madrugada, lo metieron en un gran autobús negro, y se lo llevaron al tribunal de Los Angeles County. Al estar allí delante del juez, él dijo: 'Señoría, he traído conmigo 700 dólares para pagar los boletos y para cubrir los costes del juicio'. El juez dijo: 'Sr. Goodall, voy a ahorrarle todo ese dinero. ¡Va usted a la cárcel!'". Dani quedó aterrorizado.

Su gran error fue que él minimizó sus delitos al pensar que eran "simplemente" boletos de estacionamiento, y así se engañó a sí mismo. Si hubiera conocido las normas del juez (que él iría a la cárcel), de inmediato habría arreglado las cosas entre él y la ley.

La mayoría de nosotros comprendemos que hemos quebrantado la ley de Dios: los Diez Mandamientos, pero que eso no es gran cosa. Por tanto, permita que le haga unas cuantas preguntas acerca de la ley que usted ha quebrantado y veamos si es gran cosa o no. ¿Ha mentido alguna vez? Usted dice: "Sí, pero fueron solo mentiras piadosas. No fue nada serio". ¿Ha robado algo alguna vez? Usted dice: "Sí, pero solamente cosas pequeñas". ¿Ve lo que está haciendo? Usted está minimizando sus delitos y, al igual que Dani, se engañará a usted mismo. Lo que usted está haciendo dice que en realidad usted ha "pecado", y la Biblia advierte: "El que dice que no tiene pecado se engaña a sí mismo". La verdad es que si usted ha mentido, entonces es un mentiroso; si ha robado algo (el valor del objeto robado es irrelevante), es usted un ladrón.

Lo que necesita usted oír es la norma del juez por mentir y por robar. Aquí está: "Todos los mentirosos tendrán su parte en el lago que arde con fuego y azufre" (Apocalipsis 21:8). Todos los mentirosos van al infierno. Usted dice: "Yo no creo en el infierno". Eso es como si alguien le dijera al juez: "Yo no creo en la cárcel". Lo que creamos o no creamos no cambia las realidades. Ningún ladrón entrará en el cielo. Ninguno.[3] Ahora veamos esto: Jesús dijo: "Cualquiera que mira a una mujer para codiciarla, ya adulteró con ella en su corazón" (Mateo 5:28). ¿Ha mirado usted alguna vez con lujuria? Entonces ha cometido adulterio, en cuanto a Dios se refiere. ¿Ha utilizado alguna vez el nombre de Dios en vano? Si lo ha hecho, entonces ha utilizado usted su santo nombre como una palabrota para expresar indignación. Eso se llama "blasfemia", y es muy grave a los ojos de Dios.

Por tanto, si ha sido usted lo bastante sincero para admitir que ha quebrantado esos mandamientos, es usted un reconocido adúltero mentiroso, ladrón y blasfemo de corazón. Si Dios le imparte su justicia el día del Juicio, será usted culpable y terminará en el infierno. Piénselo: si muriera en este momento, terminaría en el infierno para siempre. Por tanto, ¿qué hará? ¿Cómo puede arreglar las cosas entre usted y la ley? La Biblia nos dice que no podemos "hacer" nada.[4] Además, tenga en mente que un buen juez debe llevar a cabo justicia.

Había un juez en una ciudad ante quien un día presentaron un caso. Una muchacha iba en su auto sobrepasando la velocidad permitida en un cruce que tenía señales advirtiendo a los conductores que condujeran despacio y estuvieran atentos a los niños ciegos y minusválidos que cruzaran la carretera. Un oficial de policía detuvo su vehículo y le puso una multa. El juez estableció la multa en el máximo: 25,000 dólares. Ya que la muchacha no podía pagar la multa, el alguacil se preparaba para llevarla a la cárcel. Justamente entonces, el juez hizo algo muy extraño: se levantó de su banco, se acercó al alguacil ¡y pagó los 25,000 dólares por ella! La gente se preguntaba qué estaba sucediendo; más tarde descubrieron que aquella muchacha era la hija del juez. Aunque era su hija, el juez le impuso la multa máxima, pues él tenía que administrar justicia; sin embargo, su amor por su hija no le permitió dejarla en aquel apuro.[5]

De la misma manera, Dios no nos dejó en un estado de desesperanza con respecto a nuestra eternidad. Al igual que el juez pagó la multa por su hija, Jesús pagó el castigo de todos nuestros pecados. A Él lo golpearon brutalmente hasta dejarlo irreconocible como hombre, lo azotaron mucho y lo clavaron a una cruz, donde sufrió una muerte horrorosa. Él pagó la multa con la vida de su sangre por los delitos que usted cometió: "Mas Dios muestra su amor para con nosotros, en que siendo aún pecadores, Cristo murió por nosotros" (Romanos 5:8). Luego Él resucitó de los muertos y derrotó a la muerte.

Ray continúa: "Ahora bien, esta es la diferencia entre ser religioso y ser cristiano. Hay millones de personas en esta tierra que nunca han visto la grave naturaleza del pecado, y son ciegos en cuanto a la norma del juez. No tienen idea de que terminarán en el infierno por delitos que ellos consideran triviales; saben que tienen que enfrentarse a Dios cara a cara después de la muerte, pero piensan que sus obras religiosas (como Dani con sus 700 dólares) comprarán su salida de cualquier problema en el que puedan encontrarse. Y mientras minimicen su pecado, se engañarán a si mismos pensando que pueden obtener su entrada en el cielo mediante sus obras religiosas. Pero eso es tan fútil como el hombre que trataba de remar contra corriente en el río hasta que cayó por las cataratas. Dios mismo nos ha lanzado una cuerda en Jesucristo, y Él es el único que puede salvarnos de la muerte y del infierno; pero debemos dejar a un lado nuestros propios esfuerzos para salvarnos a nosotros mismos y agarrar la cuerda. En el momento en que cesamos nuestro propio "remo" espiritual y tenemos fe en Jesús, es cuando encontramos paz con Dios.[6]

La Biblia dice: "Porque por gracia sois salvos por medio de la fe; y esto no de vosotros, pues es don de Dios; no por obras, para que nadie se gloríe" (Efesios 2:8-9).

Puede que usted se siga preguntando cómo un Dios bueno y amoroso podría enviar a alguien a ese lugar tan horrible llamado infierno. Para decirlo sencillamente: Él no lo hace. Lo que le envía a usted allí es su rechazo de la provisión (Jesús) por su pecado. Todos tenemos un libre albedrío, y podemos escoger no arrepentirnos (arrepentirse significa "volverse o cambiar"). En Deuteronomio 30:19 Dios dice: "Os he puesto delante la vida y la muerte, la bendición y la maldición; *escoge, pues, la vida*" (énfasis añadido). Jesús dijo: "Yo soy el camino, y la verdad, y la vida; nadie viene al Padre, sino por mí" (Juan 14:6). ¿Creerá usted en Jesús? ¿O lo rechazará?

Al escoger no hacer nada, ya ha hecho usted una elección: escoge la muerte y el infierno para siempre. No hay posiciones "en la barrera". En Juan 3:18 Jesús dice: "El que en él cree, no es condenado; pero el que no cree, ya ha sido condenado, porque no ha creído en el nombre del unigénito Hijo de Dios". Me horrorizo ante el pensamiento de cualquier persona que pase una eternidad en el infierno. Por favor, no tome esto a la ligera, sino crea lo que la Biblia dice. De lo que estamos hablando es de su eternidad.

Algunos pueden pensar que han hecho demasiadas cosas mal en el pasado y que Dios no podría perdonarlos. La Biblia afirma claramente que Dios tiene mucha misericordia para todos. El Salmo 86:5 dice: "Porque tú, Señor, eres bueno y perdonador, y grande en misericordia para con todos los que te invocan". Él perdonará todos sus pecados en el momento en que usted se lo pida, y no los recordará nunca más.[7] Para recibir a Jesús como su Salvador, por favor haga una oración similar a esta:

> *Querido Dios, confieso que soy pecador. Gracias porque Jesús llevó mi castigo sobre sí mismo cuando murió en la cruz por mis pecados, y después resucitó de los muertos derrotando a la muerte. Hoy me arrepiento y pongo mi confianza solamente en Jesucristo para mi salvación. Oro en el nombre de Jesús. Amén.*

Si ha hecho usted esta breve oración, entonces ha tomado la decisión más sabia que nunca tomará. Comience a leer su Biblia, comenzando en el Evangelio de Juan. Encuentre una iglesia que crea en la Biblia a la que asistir, y dígale a alguna otra persona lo que acaba de hacer, tal como Jesús dijo que hiciéramos en Mateo 10:32. Búsquelo a Él, y cumplirá usted su propósito en la vida.

[Capítulo 6 – Notas]

1. Comfort, *Hell's Best Kept Secret* [El secreto mejor guardado del infierno], 113.
2. La historia de Dani ha sido adaptada del libro de Ray Comfort *How to Live Forever... Without Being Religious* (N. p: n.d.).
3. "... ni los ladrones... heredarán el reino de Dios" (1 Corintios 6:10).
4. Comfort, *How to Live Forever... Without Being Religious*.
5. Josh McDowell, *Más que un carpintero*, (Miami, Fl: Editorial Unilit, 1997), 115.
6. Comfort, *How to Live Forever... Without Being Religious*.
7. "Porque seré propicio a sus injusticias, y nunca más me acordaré de sus pecados y de sus iniquidades" (Hebreos 8:12).

INVESTIGACIÓN TRAS EL REGRESO: PREGUNTAS Y RESPUESTAS SOBRE EL INFIERNO

TRAS REGRESAR DE AQUELLA EXPERIENCIA, yo quería saber lo que la Biblia tenía que decir sobre el tema del infierno. Reconocí que mi salvación me permitiría evitar ese lugar de fuego cuando muera, pero además de eso yo realmente sabía muy poco. Había sido cristiano por veintiocho años, pero nunca había estudiado esa área de la Escritura. De una cosa estaba seguro: si lo que yo había experimentado era verdadero, entonces debería poder encontrar prueba de ello en la Biblia.

Para mi sorpresa, descubrí que hay aproximadamente 150 versículos que revelan algún aspecto del infierno, confirmando todos juntos todo lo que yo había experimentado. Yo no tenía idea de que la Biblia incluyera tantas descripciones de ese lugar. Unos pocos versículos habrían sido bien acogidos, ¡pero encontrar tantos fue abrumador! La Biblia nos dice que no añadamos ni quitemos nada a su Palabra, así que fue muy reafirmante tener una confirmación tan sólida.[1] Lo que es realmente importante que comprendamos es lo que la Biblia tiene que decir sobre esto, y no mi experiencia personal (ver Hechos 17:11).

Por tanto, mi esposa y yo comenzamos a estudiar los versículos, y también a leer libros respetados por el magisterio sobre el tema y a recibir información de otras personas que habían tenido una experiencia con el infierno. Yo también adquirí muchas enseñanzas de un vasto abanico de eruditos que han hablado sobre el tema. Con todo esto no pretendo decir que ahora soy un "experto" sobre el tema del infierno. De buena gana admito que no lo soy, ni tampoco un erudito ni un teólogo; sin embargo, uno no tiene que ser un erudito para leer y comprender la Biblia. Está escrita para el hombre común. Intentaré abordar los temas con respecto a los eventos que experimenté a la luz de las Escrituras.

Puede que usted piense que la Biblia puede interpretarse de muchas maneras diferentes, pero ese no es realmente el caso. Si está usted bien informado, la Biblia es muy clara en todo lo que tiene que decir.

¿Por qué, entonces, parece la Biblia tan controvertida? ¿Por qué la verdad parece tan difícil de encontrar? A la mayoría de los apóstoles los mataron por hablar y escribir la verdad. Pascal, un filósofo francés, dijo: "Prefiero creer a los escritores a quienes cortan la cabeza por lo que escriben".[2] Poncio Pilato, el procurador romano, hasta preguntó a Jesús: "¿Qué es la verdad?" (Juan 18:38). La verdad atrae a los hombres, y sin embargo también los elude. Una de las razones es porque muchos están prestos a condenar antes de investigar. Salomón, el hombre más sabio que haya vivido nunca (excluyendo a Jesús), lo expresó de esta manera: "Al que responde palabra antes de oír, le es fatuidad y oprobio" (Proverbios 18:13). Si dejamos a un lado nuestras propias opiniones y buscamos el verdadero entendimiento, entonces nos convertiremos en los beneficiarios.

La razón principal por la cual la verdad es difícil de encontrar se debe a que la aceptación de la verdad se ve obstaculizada por el orgullo y la arrogancia del hombre. Todos nosotros poseemos algo de conocimiento, pero ninguno puede saberlo todo. Chuck Missler, un excepcional erudito con el cociente intelectual de un genio, ha dicho: "La única barrera segura para la verdad es suponer que uno ya la tiene".[3] La naturaleza del hombre es ponerse a la defensiva cuando se le dice que está equivocado, y es esta tozuda falta de disposición a recibir enseñanza y/o corrección lo que mantiene a la verdad lejos de nosotros. Billy Graham dijo: "El pecado del orgullo en particular ha causado la caída de Lucifer en el cielo; sin ninguna duda también puede hacer caer a los mortales".[4] Él lo resume diciendo: "Él [Satanás] trata para siempre de desacreditar la veracidad de la Palabra de Dios; engatusa a los hombres para que nieguen la autoridad de Dios, y persuade al mundo a revolcarse en los engañosos deleites del pecado".[5] Si podemos dejar a un lado nuestras suposiciones y presuposiciones, quizá los conceptos erróneos que tenemos puedan ser repudiados. El hecho es que la *verdad* se encuentra en las páginas de la Biblia; pero hay muchos que no quieren reconocer la Palabra de Dios como verdad debido a la luz que esta arroja sobre nuestro pecado. Jesús mismo nos dice claramente lo que es la verdad. Él dijo: "Yo soy el camino, y la verdad, y la vida" (Juan 14:6).

Mi deseo de sacar a la luz la verdad sobre el infierno me hizo recurrir a muchas fuentes en mi investigación. Al hacerlo, pude abordar algunas de las preguntas que muchos se han hecho con respecto al infierno. Con cada capítulo sobre preguntas, citaré referencias bíblicas clave, junto con comentarios de respetados líderes y mis propios pensamientos personales.

Si tiene usted interés, puede remitirse al Apéndice A donde hallará una lista adicional de pasajes que creo que están relacionados con el infierno, y al Apéndice B, que contiene algunos comentarios adicionales del "salón de la fama".

[PARTE II – NOTAS]

1. Ver Deuteronomio 12:32; Proverbios 30:6; Apocalipsis 22:18-19.
2. Pascal (1623-1662), filósofo y matemático francés que desarrolló la moderna teoría de la probabilidad. "The Bible— Quotes from Famous Men" [La Biblia: Citas de hombres famosos], Why-the-Bible.com, http://www.why-the-bible.com/bible.htm (accesado el 1 de agosto de 2005).
3. Chuck Missler, "Return of the Nephilim" [El regreso del Nefilim], 66/40 Programa de radio con Chuck Missler, disponible en CD de audio, video VHS o DVD de Koinonia House Online en: http://www.khouse.org/6640/BP052 (accesado el 1 de agosto de 2005).
4. Graham, *Angels: God's Secret Agents* [Los ángeles: agentes secretos de Dios], 103.
5. Ibíd., 106.

Lo que usted cree es importante

¿Por qué debería creerme?

Puedo comprender por qué podría ser usted escéptico con respecto a mi experiencia. Sé que yo lo sería. Provengo de un trasfondo conservador donde recibí una sana enseñanza bíblica de parte de maestros de la Biblia conservadores que probablemente rechacen mi experiencia. Esos experimentados licenciados y profesores universitarios estarían de acuerdo en que el infierno existe, y no tendrían problema con la mayoría de los pasajes bíblicos que contiene el Apéndice A.

Sin embargo, es muy probable que muchos de ellos tuvieran una opinión incrédula en cuanto a que Dios llevase allí a alguien para que tuviera una experiencia como la que yo tuve. Y yo estaría de acuerdo, porque yo también he sido escéptico en cuanto a tales "experiencias" en el pasado; sin embargo, el hecho sigue siendo que me sucedió a mí, y la Escritura apoya que tal experiencia pueda tener lugar.

Al mirar atrás, necesité casi un año entero para recuperarme de los efectos de esta experiencia. Un mal sueño o hasta una pesadilla no tendría ese mismo efecto sobre alguien. Yo estuve completamente traumatizado tras el regreso, y solamente el Señor, mediante la oración de mi esposa, me sacó de ese trauma. Mi vida nunca será la misma con respecto al modo en que veo a cualquier persona que no le conozca a Él, y haré todo lo que pueda para compartir la verdad con los demás.

Si escoge usted no creerme, en realidad no importa. No es importante que usted crea en mi experiencia, sino en lo que la Palabra de Dios tiene que decir sobre el tema. Espero con sinceridad que mi experiencia le haga investigar las Escrituras por usted mismo.

¿Por qué debería creer en la Biblia?

Muchas personas pasan por la vida sin tomar nunca tiempo para investigar lo que la Biblia tiene que decir. Algunos creen que es simplemente una colección de curiosas historias y coloridas metáforas; otros dirán: "Es un buen libro de Historia, pero no tiene relevancia para mi vida". Aun otros creen que está escrita para personas que, en el pasado, eran ingenuas, o creen que la Biblia ya no es relevante en nuestra sociedad moderna.

La gente normalmente cree cualquier creencia religiosa en la que fue educada y no la cuestiona. Se adhieren al viejo dicho: "Nunca discutas de religión ni de política", mediante el cual siguen sin informarse sobre el tema. No es mi intención menospreciar las creencias de los demás, sino más bien llegar hasta los hechos a los que ellos puede que no hayan estado expuestos. El Dr. Chuck Missler manifiesta: "Uno de los castigos de nuestra actitud informal o reacia con respecto a la muerte y al morir es que la mayoría de las personas están empapadas de mitos y de conceptos erróneos. Casi todas las creencias que se tienen comúnmente son erróneas, engañosas y contrarias a lo que sí sabemos sobre el tema".[1]

Muchos de nosotros hacemos planes para disfrutar en nuestros años de jubilación de un futuro seguro. Si planeamos hacer un viaje por Europa, investigamos con detalle antes de partir; sin embargo, prestamos poca o ninguna atención a nuestra eternidad. ¿Por qué hay tantos que están dispuestos a jugar con algo de tanta importancia y sobre lo cual tienen tan poca información?

Yo he conocido al Señor y he vivido guiado por su Palabra durante más de treinta y cinco años; en todo ese tiempo, Él ha provisto siempre para mis necesidades, me ha ayudado a evitar muchas de las dificultades de la vida, y ha resuelto cada problema con el que me he encontrado. Si le dijera lo bendecido que he sido, usted probablemente pensara que yo exagero, o que estoy presumiendo, o que quizá me esté engañando. Por eso me abstendré de hacer tales comentarios. El punto es el siguiente: Si vive usted por su Palabra, Él es fiel para cumplir sus promesas. Digo esto con toda seriedad.

Podría usted decir: "¿Por qué dar tanta importancia a la Biblia? ¿Acaso no es simplemente un libro escrito por hombres, y los hombres cometen errores?". La Biblia es mucho más singular que cualquier otro libro escrito. Ha sido investigado por un incontable abanico de eruditos, historiadores, arqueólogos, científicos, matemáticos y personas similares durante miles de años. No ha habido ninguna discrepancia o error que no haya podido ser aclarado con una buena erudición. En los siguientes párrafos he incluido una muestra representativa de tal erudición creíble.

El Dr. John Warwick Montgomery, un erudito bíblico muy conocido, ha dicho: "Yo mismo nunca he encontrado una supuesta contradicción en la Biblia que no pudiera aclararse mediante el uso del idioma original de las Escrituras y/o el uso de aceptados principios de interpretación literaria e histórica".[2] El Dr. Montgomery es un erudito muy calificado; posee dos doctorados y siete títulos sin licenciatura, ha escrito cuarenta libros y ciento veinticinco revistas, y es miembro fundador de la asociación mundial de profesores de derecho (The World Association of Law Professors).

El Dr. Gleason L. Archer dijo: "Creo sinceramente que me he enfrentado casi a todas las dificultades bíblicas que se discuten en los círculos teológicos hoy día... ya que he tratado con una aparente discrepancia tras otra... Mi confianza en la confiabilidad de la Escritura ha sido repetidamente verificada y fortalecida mediante el descubrimiento de que casi cada problema en la Escritura que ha sido descubierto por el hombre, desde tiempos antiguos hasta el presente, el texto bíblico mismo lo ha tratado de manera completamente satisfactoria".[3] El Dr. Archer posee un grado de bachiller de Princeton y un grado doctoral por Harvard Graduate School, tiene una licenciatura en derecho, habla quince idiomas, y ha realizado amplios estudios en arqueología, entre otras cosas.

El Dr. Robert Dick Wilson dijo: "He hecho un hábito invariable el nunca aceptar una objeción a una afirmación del Antiguo Testamento sin someterla a una investigación rigurosa, tanto lingüística como factual".[4] Posee un grado doctoral de Princeton y es autor de *A Scientific Investigation of the Old Testament* [Una investigación científica del Antiguo Testamento].[5] Sin pasar por alto una sola sílaba, es capaz de repetir de memoria todo el Nuevo Testamento en hebreo, y puede hacer lo mismo con largas porciones del Antiguo Testamento. Habla cuarenta y cinco idiomas.

El Dr. Henry M. Morris, un respetado científico, señala: "Debe ser muy significativo que, a la vista de la gran cantidad de evidencia corroborativa con respecto a la historia bíblica de esos periodos, no exista hoy ni un solo hallazgo incuestionable de la arqueología que demuestre que la Biblia es errónea en ningún punto".[6]

Si aún está usted inseguro en cuanto a la credibilidad de la Biblia como Palabra de Dios, le animo a que lea la bibliografía para encontrar algunos libros recomendados.

Muchos de los fundadores de este gran país creían en la verdad absoluta de la Palabra de Dios. Los siguientes son una muestra de sus comentarios:

> Hacen bien en desear aprender nuestras artes y nuestro modo de vida y, sobre todo, la religión de Jesucristo... El Congreso hará todo lo que pueda para ayudarlos en esta sabia intención.[7]
>
> —GEORGE WASHINGTON

> El primero y casi el único libro digno de atención universal es la Biblia.[8]
>
> —JOHN QUINCE ADAMS

> La Historia también ofrecerá frecuentes oportunidades de mostrar la necesidad de una religión pública... y la excelencia de la religión cristiana por encima de todas las otras, tanto antiguas como modernas.[9]
>
> —BENJAMÍN FRANKLIN

> [La Biblia] es un libro que vale más que todos los demás libros que hayan sido nunca impresos.[10]
>
> —PATRICK HENRY

Las Biblias son fuertes trincheras. Donde abundan, los hombres no pueden perseguir sendas malvadas.[11]

—JAMES MCHENRY, FIRMANTE DE LA CONSTITUCIÓN

La Biblia... es la única fuente suprema de revelación del significado de la vida, de la naturaleza de Dios y de la naturaleza espiritual y la necesidad del hombre. Es la única guía de la vida que realmente conduce al espíritu en el camino de la paz y la salvación.[12]

—WOODROW WILSON

La Biblia no es simplemente "un" libro, sino una colección de sesenta y seis libros escritos por al menos cuarenta autores a lo largo de, aproximadamente, un periodo de mil quinientos años. Los autores fueron historiadores, generales militares, profetas, reyes, políticos, un médico, un rabino, pescadores, y hasta un recaudador de impuestos. Fue escrita en tres continentes y en tres idiomas diferentes: hebreo, griego y arameo.[13] Todos ellos escribieron sobre el Salvador que llegaría. Cada palabra fue inspirada por Dios.[14] El famoso poeta, Voltaire, dijo que en cien años después de su época, el cristianismo sería "barrido de la existencia y pasará a la historia". Sin embargo, cincuenta años después de su muerte, la Sociedad Bíblica de Ginebra utilizó su casa y su imprenta para producir montones de Biblias.[15] Jesús mismo hizo esta afirmación: "... mis palabras no pasarán" (Marcos 13:31). Se cita al Dr. H. L. Hastings, un escritor muy conocido, diciendo: "Si este libro no hubiera sido el libro de Dios, los hombres lo habrían destruido hace mucho tiempo. Emperadores y papas, reyes y sacerdotes, príncipes y gobernantes, todos ellos trataron de hacerlo; murieron y el libro aún vive".[16]

Hay más de trescientas profecías el Antiguo Testamento con respecto al nacimiento, la vida, la muerte y la resurrección de Jesús. Ningún otro libro ha sido escrito anunciando el futuro con tal precisión. El profesor Wilber Smith, Doctor en Divinidades, que enseñó en el seminario Fuller Theologian Seminary y en Trinity Evangelical Divinity School, expresó: "Ni en toda la gama de literatura griega y latina... podemos encontrar ninguna profecía real y concreta de un gran evento histórico que llegase en un futuro lejano, ni ninguna profecía del surgimiento de un Salvador en la raza humana... tampoco los fundadores de cualquier secta en este país pueden identificar correctamente ningún texto antiguo que anuncie concretamente su futuro".[17] La Biblia "es el único ejemplar jamás producido por el hombre, o por un grupo de hombres, en el cual se encuentra un gran cuerpo de profecías con respecto a naciones individuales, a Israel, a todos los pueblos de la tierra, a ciertas ciudades, y a la llegada de Aquel que sería el Mesías".[18]

Se han escrito muchos libros por algunos de los eruditos más competentes y los individuos mejor educados demostrando la validez de la Biblia. Varios se enumeran en la bibliografía. En su libro, *Evidencia que exige un veredicto*, Josh McDowell, licenciado por Wheaton College y graduado magna cum laude en Talbot Theological Seminary, nos da una interesante comparación:

Ahora hay más de 5,300 manuscritos griegos conocidos del Nuevo Testamento. Añada más de 10,000 de la Vulgata Latina y al menos 9,300 de otras versiones tempranas (MSS), y en adición tenemos más de 24,000 copias de manuscritos de porciones del Nuevo Testamento en existencia actualmente. Ningún otro documento de la antigüedad ni siquiera comienza a aproximarse a tales números y testimonio. En comparación, *La Ilíada* de Homero está en segundo lugar con solamente 643 manuscritos que aún sobreviven.[19]

¿Utiliza Dios sueños y visiones?

Yo he tenido varios sueños del Señor con respecto a la Biblia, pero incluso en sueños muy reales, no son análogos a una visita verdadera al infierno.

Job dijo: "Entonces me asustas con sueños, y me aterras con visiones" (Job 7:14). El libro de Joel también menciona sueños y visiones.[20] Hay muchos ejemplos en los que Dios dio un sueño o una visión a alguien para proporcionarle dirección o advertencia. Yo creo que mi experiencia encaja en la clasificación de una visión. En 2 Corintios 12:1-2 Pablo, al ser "llevado al tercer cielo" dijo: "Vendré a las visiones... si en el cuerpo... si fuera del cuerpo, no lo sé".

En el momento de su apedreamiento y su muerte, Esteban, mirando al cielo, vio "al Hijo del Hombre que está a la diestra de Dios" (Hechos 7:56). Él no había muerto aún cuando tuvo la visión. Pablo estaba en el camino a Damasco cuando, "repentinamente le rodeó un resplandor de luz del cielo; y cayendo en tierra, oyó una voz que le decía: Saulo, Saulo, ¿por qué me persigues?" (Hechos 9:3-4).

Erwin W. Lutzer, que posee licenciaturas por Dallas Theological Seminary, Loyola University y Simon Greenleaf School of Law, dijo: "Si Esteban vio a nuestro Señor antes de morir, y si Pablo murió y fue llevado al paraíso, es posible que otros creyentes pudieran tener también una visión así... No deberíamos esperar tales experiencias, pero podrían suceder".[21]

En Apocalipsis 1:10 Juan dijo: "Yo estaba en el Espíritu en el día del Señor". Ahora bien, el Señor dio visiones a aquellos grandes hombres, y aunque mi experiencia no sea de ninguna manera comparable a la de ellos, la Biblia dice que "Dios no hace acepción de personas" (Hechos 10:34). Él dará un sueño o una visión a cualquier persona. En el libro de Job, capítulo 33 y versículos 14 y 15, leemos: "En una o en dos maneras habla Dios... Por sueño, en visión nocturna". En Números 24:4, Balaam es descrito como quien "oyó los dichos de Dios, el que vio la visión del Omnipotente". Daniel 2:19 nos dice que "el secreto fue revelado a Daniel en *visión de noche*". Abdías 1 menciona: "La visión de Abdías". Habacuc 2:2 afirma: "Y Jehová me respondió, y dijo: Escribe la visión, y declárala en tablas".

El Dr. Lester Sumrall tuvo una visión de Dios en la cual vio a toda la humanidad caminando por una autopista muy larga y ancha. Él dice:

> Dios me levantó hasta que estuve mirando a aquella multitud incontable de personas. Me llevó mucho más adelante por la autopista hasta que vi el final de la carretera. Terminaba abruptamente en un precipicio que se elevaba por encima de un infierno sin fondo. Cuando la tremenda e interminable procesión de personas llegaba al final de la autopista, pude verlos caer a la eternidad. Conforme se acercaban al pozo y veían el destino que les esperaba, pude ver su desesperada pero vana lucha por vencer la implacable presión de los que estaban atrás. El gran río de humanidad los empujaba aún más adelante. Dios abrió mis oídos para que escuchara los gritos de las almas condenadas que se hundían en el infierno... Pude ver sus caras distorsionadas por el terror. Sus manos se agitaban febrilmente, agarrándose al aire.[22]

Dios le dijo que él sería responsable si no advertía a la gente de sus malos caminos.[23] Esa responsabilidad recae sobre todos aquellos que lo conocen a Él. El Dr. Lester Sumrall fue un evangelista y pastor muy respetado que estableció muchas iglesias, alimentó a los pobres a gran escala, predicó el evangelio por más de sesenta y cinco años, y alcanzó muchos otros logros.

¿Ha experimentado el infierno alguien en la Biblia?

Yo quería saber si había alguna persona en la Biblia que hubiera tenido una experiencia en el infierno (Seol).

Algunos teólogos creen que Jonás estuvo en el infierno. Otros piensan que él solamente estuvo en "las puertas del infierno". En Jonás 2:2 Jonás afirma: "Invoqué en mi angustia a Jehová, y él me oyó; desde el seno del Seol clamé, y mi voz oíste". Luego continúa: "Descendí a los cimientos de los montes; la tierra echó sus cerrojos sobre mí para siempre; mas tú sacaste mi vida de la sepultura, oh Jehová Dios mío" (v. 6). La palabra *cerrojos* en griego es *bariyach*, que significa "un pedazo relativamente largo y encadenado de cualquier material sólido utilizado para apoyo o barrera". Sea que estuviera *en* las puertas o *dentro* de las puertas no es lo importante. El hecho es que estuvo allí; eso es lo relevante. No digo esto para poner mi experiencia en el mismo nivel que la de Jonás, de ninguna manera; es solamente para ver lo que la Biblia tiene que decir sobre el infierno y su experiencia.

¿Ha experimentado alguien más el infierno?

Hay otras personas que han sido llevadas al infierno o han tenido una vislumbre del infierno en su lecho de muerte. Algunas de ellas han documentado su experiencia mediante vídeos y libros. Esos libros están enumerados en la bibliografía. Yo no tenía idea de que esas personas existieran, y nunca había oído de nadie que tuviera esas experiencias antes de mi investigación. Sus experiencias son sorprendentes. Parecen ser individuos de buena reputación, algunos médicos, y otros profesionales. No estoy respaldando sus testimonios, ni tampoco estoy en desacuerdo con ellos. Son de lo más interesante. A continuación hay un ejemplo de ellos.

En su libro *Caught Up Into Paradise* [Llevado al paraíso], el Dr. Richard Eby menciona una experiencia en la que Dios le dio una visión de dos minutos de duración del infierno, en la cual él estaba situado en un pozo. Le dijeron que dos minutos era todo lo que él podía soportar. Él dijo: "Al instante comprendí que era un pecador muerto llevado a las entrañas más profundas de la tierra. Un sentimiento de absoluto terror se apoderó de mi ser". En aquel pozo, pequeños demonios parecidos a arañas caminaban sobre él en total oscuridad y desolación. Dijo que sabía que nunca vería a otra persona, y que nunca saldría de allí. Los demonios se mofaban diciéndole: "¡Maldice a Dios! ¡Maldice a la gente! ¡Y el olor! Horrible, desagradable, viciado, fétido, podrido y malvado... todo ello mezclado y concentrado. Apestosos demonios que se deleitaban mentalmente en hacerme malvado. Mi terror se acumuló hasta que estuve a punto de derrumbarme en completa desesperanza, aplastante desesperación, soledad abismal. Yo era eternamente un alma perdida por elección propia... Las pegajosas y húmedas paredes me mantenían aplastado por la eternidad sin escape alguno".[24]

Como he mencionado, ha habido otras personas que han experimentado el infierno. Yo no soy el único. Sin embargo, cualquier experiencia espiritual debería contemplarse a la luz de las Escrituras.

¿Por qué me llevaría Dios al infierno?

Yo creo que la única razón por la que Dios me llevó al infierno fue para atraer atención a su Palabra sobre este tema. No es que Él necesite mi ayuda, ni la de ninguna otra persona; sin embargo, creo que el tiempo se está acabando, y hay algunas cosas inusuales que Dios está haciendo en la tierra actualmente para ayudar a la gente a despertar a la verdad. Él implora a la gente para que escuchen su Palabra. Este no es un mensaje de condenación, sino un mensaje de advertencia. Dios no quiere que nadie vaya por el camino tan intensamente transitado en el que muchos están.[25]

Generalmente, el infierno no es un tema popular en las iglesias actualmente. Muchas iglesias ni siquiera creen o enseñan que el infierno es un lugar ardiente literal. Los pastores en esas iglesias no quieren ofender a su gente al decirles que hay un infierno real que evitar. Otras personas se sienten ofendidas por un mensaje sobre el infierno y creen que los cristianos deberían guardarse sus creencias para sí mismos. Puedo comprender eso, y deberíamos ser muy respetuosos con las creencias de los demás. Sin embargo, ¿deberíamos ser solamente respetuosos y no advertirles? Intente verlo de este modo: Usted está durmiendo en una habitación de un hotel, y es de madrugada. Alguien comienza a gritar: "¡Fuego! ¡Fuego!". A usted no solo no le importaría que esa persona le despertara, sino que también estaría extremadamente agradecido por la advertencia si hubiera un incendio de verdad. La incomodidad sería muy bienvenida a cambio de su propia vida. Algunas personas simplemente no se dan cuenta de que hay un fuego real que evitar.

[Capítulo 7 – Notas]

1. Chuck Missler, "Heaven and Hell—What Happens When You Die" [El cielo y el infierno: lo que sucede cuando alguien muere]. Notas suplementarias en 66/40 programa de radio con Chuck Missler, 2003, disponibles en CD de audio, vídeo VHS o DVD de Koinonia House Online, http://www.khouse.org/articles/2003/491 (accesado el 1 de agosto de 2005).

2. John Ankerberg y John Weldon, *Knowing the Truth About the Reliability of the Bible* [Conocer la verdad sobre la confiabilidad de la Biblia], (Eugene, OR: Harvest House, 1998), 24.

3. Ibid., 25.

4. Ibid., 26.

5. Robert Dick Wilson, *A Scientific Investigation of the Old Testament* [Una investigación científica del Antiguo Testamento], (Chicago, IL: Moody Bible Institute, 1959).

6. Ankerberg y Weldon, *Knowing the Truth About the Reliability of the Bible*, 22.

7. David Barton, *Original Intent* [Intención original], (Aledo, TX: WallBuilder Press, 2004), 168.

8. Arthur S. DeMoss, *The Rebirth of America* [El nuevo nacimiento de América], (West Palm Beach, FL: Arthur S. DeMoss Foundation, 1986), 37.

9. Barton, *Original Intent*, 168.

10. Ibid., 163.

11. Ibid., 164.

12. DeMoss *The Rebirth of America*, 37.

13. Josh McDowell, *Evidence That Demands a Verdict* [Evidencia que exige un veredicto], (Nashville, TN: Nelson Reference, 1999), 15–17.

14. 2 Timoteo 3:16.
15. McDowell, *Evidence that Demands a Verdict*, 20.
16. Ibid., 21.
17. Ibid., 22.
18. Ibid.
19. Ibid., 39.
20. Joel 2:28.
21. Lutzer, *One Minute After You Die* [Un minuto después de morir], 25.
22. Lester Sumrall, *Run With the Vision* [Corre con la visión], (South Bend, IN: Sumrall Publishing, 1986), 32–33.
23. Ver Ezequiel 3:18; Hechos 20:26–28.
24. Richard Eby, *Caught Up Into Paradise* [Llevado al paraíso], (Grand Rapids, MI: Fleming H. Revell Co., 1990), 229–230.
25. Ver Mateo 7:13.

HECHOS IMPORTANTES SOBRE EL INFIERNO

¿Por qué me permitiría Dios experimentar dolor en el infierno?

Dios bloqueó gran parte del dolor que pude haber experimentado en el infierno; sin embargo, Él quería que yo pudiera decirles a otros que habrá dolor literal que se sentirá en el infierno. Si esos veintitrés minutos pudieron motivarme lo suficiente para ganar a más personas para Cristo entonces eso serviría a sus propósitos. ¡Y verdaderamente me motivó a hacer precisamente eso! Dios no quiere que suframos dolor, y Él no nos lo inflige. Es el diablo quien hace eso. Dios desea bendecirnos. Jesús dijo en Juan 10:10: "El ladrón no viene sino para hurtar y matar y destruir; yo he venido para que tengan vida, y para que la tengan en abundancia".

Sin embargo, hay sufrimiento que Él permite por causa de la predicación del Evangelio. En 1 Corintios 4:12 leemos: "Padecemos persecución, y la soportamos". Jesús nos recordó: "Si a mí me han perseguido, también a vosotros os perseguirán" (Juan 15:20). Pablo escribió a Timoteo: "Participa de las aflicciones por el evangelio según el poder de Dios" (2 Timoteo 1:8).

Muchos de los apóstoles sufrieron muertes tortuosas, apedreamientos, golpes y cárceles debido a que predicaban el Evangelio. En Hechos 9:16 el Señor, al hablar de Pablo, dijo: "Porque yo le mostraré cuánto le es necesario padecer por mi nombre". Un ejemplo del sufrimiento de Pablo podemos verlo en Hechos 16, donde Pablo y Silas fueron golpeados y echados en la cárcel por predicar el Evangelio. Si Dios permitió a sus propios apóstoles sufrir, ¡entonces cuánto más nos permitirá a usted y a mí sufrir! Pero Él nos recuerda que recordemos esto: "De modo que los que padecen según la voluntad de Dios, encomienden sus almas al fiel Creador, y hagan el bien" (1 Pedro 4:19).

Tenga siempre en mente que nuestro sufrimiento debe estar de acuerdo a la voluntad de Dios, y no debido a nuestra propia ignorancia o desobediencia a su Palabra, que puede dar como resultado un sufrimiento innecesario.

Yo creo que los veintitrés minutos que pasé en el infierno me han hecho lograr más de lo que habría intentado lograr nunca antes de la experiencia. El gozo de ver aun a una persona venir a Cristo sobrepasa con mucho cualquier dolor que experimenté.

¿Es el infierno un lugar ardiente literalmente?

Desde luego que sí. El lugar es un infierno. Yo vi el pozo: un kilómetro y medio de ancho y consumido por el fuego. Vi el fuego líquido que cae como lluvia. Sentí el calor extremo, y olí el hedor de cosas que arden. No creo que las referencias de la Escritura sean meramente simbólicas o alegóricas; creo que hablan de fuego real. Hay muchos pasajes bíblicos importantes, y le insto a que lea cada uno de ellos a fin de poder tomar su propia decisión con conocimiento. El Apéndice A es un índice detallado de referencias bíblicas al infierno. Lo que dice la Palabra de Dios es mucho más importante que la historia de mi visita a ese lugar.

Tanto el Antiguo como el Nuevo Testamento proporcionan evidencia de que el infierno es un lugar ardiente literalmente.

> Mas los impíos perecerán, y los enemigos de Jehová como la grasa de los carneros serán consumidos; se disiparán como el humo.
>
> —SALMO 37:20

> Porque he aquí, viene el día ardiente como un horno, y todos los soberbios y todos los que hacen maldad serán estopa; aquel día que vendrá los abrasará, ha dicho Jehová de los ejércitos, y no les dejará ni raíz ni rama.
>
> —MALAQUÍAS 4:1

> Y los echarán en el horno de fuego; allí será el lloro y el crujir de dientes.
>
> —MATEO 13:42

> ... Estoy atormentado en esta llama.
>
> —LUCAS 16:24

> El que en mí no permanece, será echado fuera como pámpano, y se secará; y los recogen, y los echan en el fuego, y arden.
>
> —JUAN 15:6

...: Sufriendo el castigo del fuego eterno.

—JUDAS 7

Y abrió el pozo del abismo, y subió humo del pozo... y se oscureció el sol y el aire por el humo del pozo. [El humo literalmente oscureció el cielo. ¿Cómo podría suceder eso a menos que hubiera un fuego realmente físico en el pozo? No es un fuego alegórico o metafórico, como muchos creen o enseñan.]

—APOCALIPSIS 9:2
[NOTA ACLARATORIA DEL AUTOR]

Y será atormentado con fuego y azufre.

—APOCALIPSIS 14:10

Thomas Vincent dijo:

El fuego es el más afectivo y doloroso; por tanto, Dios ha designado que el fuego sea para el castigo del cuerpo.[1]

Charles Spurgeon dijo:

Hay un fuego real en el infierno, tan verdaderamente como usted tiene ahora un cuerpo real: un fuego exactamente como el que tenemos en la tierra en todo excepto en esto: que no consumirá, aunque le torture.[2]

Hay muchos otros pasajes bíblicos sobre este tema. (Ver el Apéndice A.)

¿Dónde está situado el infierno?

Después del juicio, "la muerte y el infierno" serán lanzados al "lago de fuego" (Apocalipsis 20:13). Dondequiera que esté, será en "las tinieblas de afuera" (Mateo 8:12).

Yo creo que la Escritura afirma que actualmente está en el centro de la tierra. He enumerado algunos de los versículos a continuación. De algún modo sabía que yo estaba en la parte más baja de la tierra, y sentía que estaba aproximadamente a unos seis mil kilómetros de profundidad. Era como si mis sentidos estuvieran agudizados o más despiertos de lo normal. Recuerdo haber pensado: *La mayoría de personas sobre la superficie de la tierra no tienen ni idea de que haya todo un mundo aquí debajo de la superficie. Ellos no saben o no creerían que hay tantas personas aquí.* Recuerdo haber caído para llegar allí y ascender a través del túnel cuando salí.

> El abismo es literalmente un pozo. En algún lugar sobre la superficie de la tierra hay un pozo. La entrada a este pozo conduce al corazón de la tierra, donde existe el Hades. El Hades a menudo se traduce como "infierno" en la Biblia. El infierno existe, y está en el centro de la tierra.[3]
>
> —CHUCK SMITH

El pastor Chuck Smith, que ha escrito muchos libros y actualmente es pastor principal con muchos logros y muy respetado de una de las iglesias más grandes durante cuarenta años, afirma en su libro: "El infierno existe, y está en el centro de la tierra".[4]

Smith también afirma en su libro *What the World Is Coming To*:

> Cuando alguien en el Antiguo Testamento moría, iba al Hades. Por eso en el Antiguo Testamento se habla del Hades como la "tumba" y el "infierno". Era el lugar de morada de todos los que morían, pero estaba dividido en

dos secciones... Cuando Jesús murió, descendió al Hades y predicó, según Pedro, a aquellas almas en la cárcel (1 Pedro 3:19). Según Pablo, cuando Jesús ascendió, llevó a aquellos cautivos de su cautividad (Efesios 4:8). Él vació esa parte del Hades donde los fieles junto con Abraham habían esperado que Dios cumpliera sus promesas.[5]

El diccionario bíblico *Nelson's New Illustrated Bible Dictionary* hace algunas interesantes reseñas sobre el infierno. Al describir el *Seol* (infierno) dice: "En el pensamiento del Antiguo Testamento, la morada de los muertos, el *Seol*, se consideraba una región subterránea".[6] También hace una descripción de la palabra *pozo*, diciendo que "... se utiliza de manera teológica tanto en el Antiguo como en el Nuevo Testamento. Como un lugar profundo y subterráneo, el *pozo* se convirtió en sinónimo de *Seol*, la morada de los muertos".[7]

Algunos teólogos afirman que está en el centro de la tierra; otros no lo saben con seguridad. Yo creo que la Escritura es clara y habla por sí sola. Hay más de otros cuarenta versículos sobre este punto enumerados en el Apéndice A, además de los versículos que incluyo aquí.

Abrió la tierra su boca, y los tragó a ellos, a sus casas, a todos los hombres de Coré, y a todos sus bienes. Y ellos, con todo lo que tenían, descendieron vivos al Seol, y los cubrió la tierra, y perecieron de en medio de la congregación.

—NÚMEROS 16:32-33

He visto dioses que suben de la tierra... Un hombre anciano viene... ¿Por qué me has inquietado haciéndome venir?

Pero los que para destrucción buscaron mi alma caerán en los sitios bajos de la tierra.

—SALMO 63:9

... Y la tierra dará sus muertos.

—ISAÍAS 26:19

Y te haré descender con los que descienden al sepulcro, con los pueblos de otros siglos, y te pondré en las profundidades de la tierra, como los desiertos antiguos, con los que descienden al sepulcro, para que nunca más seas poblada; y daré gloria en la tierra de los vivientes.

—EZEQUIEL 26:20

Porque todos están destinados a muerte, a lo profundo de la tierra... con los que descienden a la fosa.

—EZEQUIEL 31:14

Porque como estuvo Jonás en el vientre del gran pez tres días y tres noches, así estará el Hijo del Hombre en el corazón de la tierra tres días y tres noches [El Hades tenía dos compartimentos, o dos lados, separados por una gran sima fijada. En uno de los lados estaba el paraíso; en el otro lado estaba el tormento.]

—MATEO 12:40 [NOTA ACLARATORIA DEL AUTOR]

Y eso de que subió, ¿qué es, sino que también había descendido primero [Jesús] a las partes más bajas de la tierra?

—EFESIOS 4:9

¿Tienen las personas cuerpo en el infierno?

Yo, sin duda alguna, lo tenía. Mi cuerpo tenía la misma apariencia del que tengo ahora, a excepción de que no había sangre o agua en él. La vida existe en la sangre, y el agua representa la vida. Yo fui capaz de soportar sufrimientos que habrían causado la muerte de inmediato a mi actual cuerpo físico. Aparte de eso, lo sentía como un cuerpo normal, y todas mis facultades parecían funcionar. Podía pensar, razonar y recordar. Mis emociones seguían estando ahí, y aunque mi fuerza era casi inexistente, mis sentidos físicos eran agudos: podía ver, oír, tocar, oler y gustar. Lo que la Biblia dice acerca de esto es lo importante.

> Los tragaremos vivos como el Seol, y enteros, como los que caen en un abismo.
>
> —PROVERBIOS 1:12

> Temed más bien a aquel que puede destruir el alma y el cuerpo en el infierno.
>
> —MATEO 10:28

> ... para que moje la punta de su dedo en agua, y refresque mi lengua; porque estoy atormentado en esta llama.
>
> —LUCAS 16:24

Lucas 16:23-24 describe a un hombre que tenía lengua, ojos y boca con la que habló; tenía algún tipo de cuerpo. Además, él reconoció a Abraham y a Lázaro; por lo tanto, ellos debían de tener cuerpos para ser vistos y reconocidos. Algunos expertos dicen que no tendremos cuerpo en el cielo o en el infierno hasta después del día del juicio; sin embargo, Jesús tenía cuerpo tras la Resurrección. Jesús dijo: "Palpad, y ved; porque un espíritu no tiene carne ni huesos, como veis que yo tengo" (Lucas 24:39). Cuando Jesús resucitó, Mateo 27:52-53 afirma: "Se abrieron los sepulcros, y muchos cuerpos de santos que habían dormido, se levantaron; y saliendo de los sepulcros, después de la resurrección de él, vinieron a la santa ciudad, y aparecieron a muchos". ¡Aquellos santos tuvieron que tener algún tipo de cuerpo físico para poder ser vistos! Es probable que el cuerpo que recibamos después del juicio sea diferente, según las Escrituras, al cuerpo que tendríamos después de la muerte en este momento.

¿Hay niños en el infierno?

La Biblia da a entender que no hay. A juzgar por las siluetas de las personas que yo vi, parecían ser completamente maduros o adultos en tamaño; además, los gritos que oí no eran los gritos de niños, sino que eran voces maduras. Diré que tuve una impresión, un inexplicable sentimiento interior, de que no había niños allí. Esa fue mi experiencia. Lo que la Palabra afirma es lo único que importa.

> Y él [David] respondió... Yo voy a él, mas él no volverá a mí.
>
> —2 Samuel 12:22-23

> De cierto os digo, que si no os volvéis y os hacéis como niños, no entraréis en el reino de los cielos.
>
> —Mateo 18:3

> Dejad a los niños venir a mí, y no se lo impidáis; porque de los tales es el reino de los cielos.
>
> —Mateo 19:14

El que reciba en mi nombre a un niño como este, me recibe a mí.

—MARCOS 9:37

Dejad a los niños venir a mí, y no se lo impidáis; porque de los tales es el reino de Dios. De cierto os digo, que el que no reciba el reino de Dios como un niño, no entrará en él.

—MARCOS 10:14-15

En su libro, *One Minute After You Die* [Un minuto después de morir], Edwin W. Lutzer afirma:

Los niños no estarán en el cielo porque son inocentes. Pablo enseñó claramente que los niños nacen bajo la condenación del pecado de Adán (Romanos 5:12)... Si los niños son salvos (y yo creo que lo serán), solamente puede ser debido a que Dios acredite su pecado a Cristo; y debido a que ellos son demasiado jóvenes para creer, no se exige el requisito de la fe personal.[8]

La clara enseñanza de la Biblia es que las almas de aquellos niños que murieron antes de llegar a la edad del entendimiento y la responsabilidad son llevadas a la Nueva Jerusalén con Cristo para vivir alegremente con Él hasta el día de la resurrección, cuando recibirán su cuerpo inmortal preparado para la eternidad. Yo creo que la Biblia nos muestra que los niños estarán en el cielo.[9]

—GRANT JEFFREY

[CAPÍTULO 8 – NOTAS]

1. Vincent, Fire and Brimstone [Fuego y azufre], 111–112.
2. Morgan y Peterson, eds., *Hell Under Fire* [El infierno bajo fuego], 28.
3. Chuck Smith, *What the World Is Coming To* [A lo que el mundo ha llegado] (Costa Mesa, CA: Word for Today, 1993), 91.
4. Ibid., 91–93.
5. Ibid., 91–93.
6. Ronald F. Youngblood, ed., *Nelson's New Illustrated Bible Dictionary* (Nashville, TN: Nelson Reference, 1995), 1164.
7. Ibid., 96.
8. Lutzer, *One Minute After You Die* [Un minuto después de morir], 73.
9. Grant R. Jeffrey, *Journey Into Eternity* [Viaje a la eternidad], (Minneapolis, MN: Waterbrook Press, 2000), 219.

[Capítulo 9]

COMPRENDER LO QUE SUCEDE EN EL INFIERNO

¿Cómo puedo "ver" en el infierno?

Algunas personas me han preguntado cómo pude ver yo fuego, pozos y áreas desoladas, ya que la Escritura menciona: "... la oscuridad de las tinieblas para siempre" (Judas 13; cf. 2 Pedro 2:17; Salmo 49:19). Esos versículos se refieren al momento en que la muerte y el infierno sean lanzados al lago de fuego y a las tinieblas de afuera (ver Apocalipsis 20:14; Mateo 25:30). Eso sucederá después del día del juicio.

Actualmente, el infierno del que hablamos es el *Seol*, o *Hades*, y no aún no está en las tinieblas de afuera. Pero yo creo, como afirma la Escritura, que este es también un lugar de total oscuridad en el centro de la tierra. Yo solo pude ver cuando estuve cerca del gran pozo de violentas llamas. John Wesley dijo: "En las inhóspitas regiones de los muertos... no hay... luz sino la de las vivas llamas".[1]

Recuerde que en Lucas 16:23 el rico levantó sus ojos y *vio* a Abraham y a Lázaro "desde lejos", al otro lado de "una gran sima fijada". ¿Cómo pudo verlos si hay una total oscuridad?

¿Hay celdas y barrotes en el infierno?

Yo me encontré a mí mismo en una celda, igual a las que usted vería en la tierra. Tenía una puerta de metal con barrotes y paredes de piedra toscamente labrada. Yo tuve el entendimiento de que había muchas celdas como esa. Pero lo que yo encontré en mi experiencia nunca puede compararse con la verdad de la Palabra de Dios. Hay varios pasajes que hablan de celdas y de barrotes.

En Proverbios 7:27 la Palabra indica que el infierno es una habitación interior, una cámara que rodea al pecador.

Celda de prisión
... que conduce a las cámaras de la muerte.

—PROVERBIOS 7:27

Y serán amontonados como se amontona a los encarcelados en mazmorra, y en prisión quedarán encerrados.

—ISAÍAS 24:22

... que a sus presos nunca abrió la cárcel.

—ISAÍAS 14:17

Cercó mis caminos con piedra labrada, torció mis senderos [podría ser profético del infierno].

—LAMENTACIONES 3:9

... desde la cárcel profunda.

—LAMENTACIONES 3:55

Barrotes
A la profundidad del Seol descenderán.

—JOB 17:16

¿Te han sido descubiertas las puertas de la muerte?

—JOB 38:17

Tú que me levantas de las puertas de la muerte...

—SALMO 9:13

... hasta las puertas de la muerte.

—SALMO 107:18

A la mitad de mis días iré a las puertas del Seol.

—ISAÍAS 38:10

Descendí a los cimientos de los montes; la tierra echó sus cerrojos sobre mí para siempre.

—JONÁS 2:6

... y las puertas del Hades no prevalecerán contra ella.

—MATEO 16:18

... las llaves de la muerte y del Hades.

—APOCALIPSIS 1:18

... con la llave del abismo...

—APOCALIPSIS 20:1

Billy Graham dijo:

La descripción del gran poder de Satanás termina con las palabras: "que a sus presos nunca abrió la cárcel" (Isaías 14:17). Esto sin duda alguna se refiere a la prisión que es morada de Satanás, el Hades o la morada de los muertos tan claramente descrita en Lucas 16:19-31.[2]

¿Hay grados de castigo en el infierno?

Sí, la Escritura es muy clara con respecto a este punto. Durante mi experiencia, recuerdo sentir que había varios grados de castigo; algunas personas estaban en peores situaciones que otras, aun cuando ninguna área en aquel lugar sería ni siquiera remotamente tolerable. Recuerdo haber pensado que sería mucho peor en el fuego que en la celda. Una vez más, examine los pasajes por usted mismo. También he incluido algunas citas de los teólogos.

> Esta es la porción que Dios prepara al hombre impío. [Dios es el único que nombra o asigna a quienes rechazan a Jesús como su Señor y Salvador su posición adecuada en el infierno.]
> —JOB 20:29 [NOTA ACLARATORIA DEL AUTOR]

> ... y Dios en su ira les reparte dolores...
> —JOB 21:17

> Y has librado mi alma de las profundidades del Seol.
> —SALMO 86:13

> Me has puesto en el hoyo profundo, en tinieblas, en lugares profundos.
> —SALMO 88:6

> Como Jehová de los ejércitos pensó tratarnos conforme a nuestros caminos, y conforme a nuestras obras, así lo hizo con nosotros.
> —ZACARÍAS 1:6

Será más tolerable el castigo para la tierra de Sodoma y de Gomorra, que para aquella ciudad. [Los versículos dan a entender una situación menos tolerable en el infierno.]

—MATEO 10:15 [NOTA ACLARATORIA DEL AUTOR]

Y entonces pagará a cada uno conforme a sus obras.

—MATEO 16:27

Por esto recibiréis mayor condenación. [Dando a entender que hay una menor].

—MATEO 23:14 [NOTA ACLARATORIA DEL AUTOR]

... le hacéis dos veces más hijo del infierno que vosotros.

—MATEO 23:15

... y lo castigará duramente, y pondrá su parte con los hipócritas.

—MATEO 24:51

¿Quién es el mayordomo fiel y prudente al cual su señor pondrá sobre su casa, para que a tiempo les dé su ración? Bienaventurado aquel siervo al cual, cuando su señor venga, le halle haciendo así. En verdad os digo que le pondrá sobre todos sus bienes. Mas si aquel siervo dijere en su corazón: Mi señor tarda en venir; y comenzare a golpear a los criados y a las criadas, y a comer y beber y embriagarse, vendrá el señor de aquel siervo en día que éste no espera, y a la hora que no sabe, y le castigará duramente, y le pondrá con los infieles. Aquel siervo que conociendo la voluntad de su señor, no se preparó, ni hizo conforme a su voluntad, recibirá muchos azotes. Mas el que sin conocerla hizo cosas dignas de azotes, será azotado poco; porque a todo aquel a quien se haya dado mucho, mucho se le demandará; y al que mucho se le haya confiado, más se le pedirá. [Un siervo golpeado con muchos azotes, y otro con pocos.]

—Lucas 12:42-48 [nota aclaratoria del autor]

El cual pagará a cada uno conforme a sus obras.

—Romanos 2:6

El que viola la ley de Moisés, por el testimonio de dos o de tres testigos muere irremisiblemente. ¿Cuánto mayor castigo pensáis que merecerá el que pisoteare al Hijo de Dios...?

—Hebreos 10:28-29

Y fueron juzgados cada uno según sus obras.

—Apocalipsis 20:13

...tendrán su parte en el lago que arde con fuego y azufre.

—Apocalipsis 21:8

[Refiriéndose a Ezequiel 32:21]. Esos heroicos personajes hablan desde el medio del Seol, lo cual puede sugerir que están situados en el corazón del infierno, quizá una asignación más honorable que "los rincones más remotos del abismo".[3]

—Daniel I. Block

La santidad y la justicia de Dios demandan que haya diferentes grados de castigo que reflejen con exactitud las distintas malas obras y malos motivos de quienes rechazan el perdón de Cristo.[4]

—GRANT R. JEFFREY

Habrá grados de separación, aislamiento y vacío en el infierno.[5]

—DR. J. P. MORELAND

El juicio de Dios será intensamente personal e individual. Dios pesará con exactitud la responsabilidad individual de cada persona. Él "dará a cada persona conforme a lo que haya hecho".[6]

—SINCLAIR B. FERGUSON

[CAPÍTULO 9 – NOTAS]

1. John Wesley, "Of Hell," Sermón 73 (texto de la edición de 1872), http://gbgm-umc.org/UMHISTORY/Wesley/sermons /serm-073.stm (accesado el 16 de septiembre de 2005).

2. Graham, *Ángeles: agentes secretos de Dios*, (Nashville, TN: Grupo Nelson), 105.

3. Morgan and Peterson, eds., *Hell Under Fire* [El infierno bajo fuego], 50.

4. Jeffrey, *Journey Into Eternity* [Viaje a la eternidad], 219.

5. Lee Strobel, *El caso de la fe*, (Miami, FL: Editorial Vida, 2001), 180.

6. Morgan and Peterson, eds., *Hell Under Fire*, 223.

[Capítulo 10]

TRATAR CON LOS DEMONIOS DEL INFIERNO

¿Hay demonios en el infierno?

La Biblia afirma que hay demonios en el infierno. Yo vi muchos al lado del pozo, en el túnel y en la celda; todos ellos eran deformes y grotescos, y variaban mucho de tamaño, desde pequeños a grandes. La Biblia dice:

> Mas tú [Satanás] derribado eres hasta el Seol, a los lados del abismo.
>
> —ISAÍAS 14:15

> Entonces dirá también a los de la izquierda: Apartaos de mí, malditos, al fuego eterno preparado para el diablo y sus ángeles.
>
> —MATEO 25:41

... que a sus presos nunca abrió la cárcel? [Habla de Satanás en el Seol.]

—ISAÍAS 14:17 [NOTA DEL AUTOR]

Porque si Dios no perdonó a los ángeles que pecaron, sino que arrojándolos al infierno los entregó a prisiones de oscuridad, para ser reservados al juicio.

—2 PEDRO 2:4

Y abrió el pozo del abismo... Y del humo salieron langostas sobre la tierra... que los atormentasen cinco meses... Y en aquellos días los hombres buscarán la muerte... El aspecto de las langostas era semejante a caballos preparados para la guerra... sus dientes eran como de leones; tenían corazas como corazas de hierro; el ruido de sus alas era como el estruendo de muchos carros... tenían colas como de escorpiones, y también aguijones; y en sus colas tenían poder para dañar a los hombres durante cinco meses. Y tienen por rey sobre ellos al ángel del abismo...

—APOCALIPSIS 9:2-11

En una grabación en audio de John MacArthur, él cita un comentario del gran santo John Bunyan, que dijo: "En el infierno no tendrás sino la compañía de las almas condenadas, con una innumerable compañía de demonios, para que te hagan compañía".[1]

Edwin W. Lutzer señala: "Si es verdad que los ángeles esperan a quienes han sido hecho justicia por Cristo, es comprensible que los espíritus demoníacos esperasen a quienes entran en la eternidad sin el perdón y la aceptación de Dios".[2]

En el libro del pastor Chuck Smith, *What the World Is Coming To* [A lo que el mundo ha llegado], él habla de un libro titulado *Through Forbidden Tibet* [A través del Tibet prohibido], de Harrison Forman. El pastor Chuck menciona el capítulo titulado "Yo vi al rey del infierno", y relata: "Él habla de un rito religioso anual en el Tibet donde los hombres religiosos de la nación se reúnen e invocan a varios demonios. Al término de esa ceremonia que dura una semana, invocan al rey del infierno. Lo que él vio fue extraño. Realmente vio demonios materializarse, y los describe a ellos y a sus diferentes formas. Sus descripciones de los demonios son muy parecidas a las de Apocalipsis".[3]

Algunos me han preguntado: "¿Apoya la Biblia demonios que tengan tres o cuatro metros de altura?". En una serie de audio por Chuck Missler, él da una explicación de la altura de algunos de los demonios que yo vi en el infierno.[4] Habla de la parte en el libro de Génesis que describe "gigantes sobre la tierra", que llegaron como resultado de los ángeles caídos que se acostaron con mujeres y engendraron hijos que fueron llamados "los valientes" (Génesis 6:2-4). También se refiere al libro de Judas, que habla sobre ángeles (caídos) que no permanecieron dentro de su dominio adecuado, sino que dejaron su morada y después se dieron a sí mismos a la inmoralidad sexual.[5] "El remanente de los gigantes" se menciona en Deuteronomio 3:11, donde concretamente menciona a un hombre cuya cama de hierro tenía una longitud aproximada de nueve codos.

Estoy seguro que habrá oído la historia de David y Goliat. Goliat tenía una altura de más de dos metros, y no estaba solo. La Biblia dice que Goliat tenía otros cuatro hermanos, todos ellos gigantes, y uno de ellos hasta tenía doce dedos en las manos y doce en los pies (ver 2 Samuel 21:20). Es razonable concluir que la gran estatura de los hombres, que era inusual, fue el resultado directo del contacto con los ángeles caídos. Es probable que los ángeles caídos mismos fueran también muy altos. Esos ángeles malvados fueron echados al infierno como se menciona en Judas 6-7 y 2 Pedro 2:4. Esto es explica muy bien en las cintas de Chuck Missler, quien, según mi opinión, es uno de los eruditos y maestros más excepcionales que viven hoy en la tierra.

¿Tienen una gran fuerza los demonios?

Yo creo que la Biblia indica que los demonios tienen una enorme fuerza. Puedo decir por mi experiencia que conmigo mostraron una gran fuerza. Ellos me levantaron como si yo no pesara absolutamente nada. Yo tuve el sentimiento de que ellos eran mil veces más fuertes que la fuerza que tiene un hombre normal. Por favor, examine estos versículos por usted mismo.

... sus ángeles, poderosos en fortaleza...

—SALMO 103:20

... dos endemoniados... feroces en gran manera, tanto que nadie podía pasar por aquel camino.

—MATEO 8:28

Vino a su encuentro... un hombre con un espíritu inmundo... y nadie podía atarle, ni aun con cadenas. Porque muchas veces había sido atado con grillos y cadenas, mas las cadenas habían sido hechas pedazos por él, y desmenuzados los grillos; y nadie le podía dominar.

—MARCOS 5:2-4

Los ángeles, que son mayores en fuerza y en potencia...

—2 PEDRO 2:11

Puede que haya algunas diferencias en los ángeles caídos y los demonios, pero ese es otro tema. Los versículos anteriores hablan tanto de demonios como de ángeles (no ángeles caídos, sino ángeles en general) con una gran fuerza. Por lo tanto, parece razonable concluir que sería posible que los demonios en el infierno, o los ángeles caídos, tengan también una gran fuerza.

¿Pueden los demonios atormentar a las personas en la tierra?

Sí, sin duda alguna pueden hacerlo y lo han hecho, como puede usted ver en la Escritura. Sin embargo, no pueden atormentar arbitrariamente a nadie; tienen que tener un punto de acceso, una entrada en algún lugar a la vida del individuo, pero eso es otro tema por sí mismo. También he citado un caso documentado para que usted lo considere. La Biblia da evidencia del tormento que los demonios pueden causar a las personas en la tierra.

> Y ellos clamaban a grandes voces, y se sajaban con cuchillos y con lancetas conforme a su costumbre, hasta chorrear la sangre sobre ellos.
>
> —1 REYES 18:28

> Entonces salió Satanás de la presencia de Jehová, e hirió a Job.
>
> —JOB 2:7

> ... vinieron a su encuentro dos endemoniados que salían de los sepulcros, feroces en gran manera.
>
> —MATEO 8:28

... e hiriéndose con piedras [el endemoniado].

—MARCOS 5:5 [NOTA ACLARATORIA]

Y respondiendo uno de la multitud, dijo: Maestro, traje a ti mi hijo, que tiene un espíritu mudo, el cual, dondequiera que le toma, le sacude; y echa espumarajos, y cruje los dientes, y se va secando; y dije a tus discípulos que lo echasen fuera, y no pudieron... Y muchas veces le echa en el fuego y en el agua, para matarle.

—MARCOS 9:17-18, 22

... un espíritu le toma... y le sacude con violencia... y estropeándole... el demonio le derribó y le sacudió con violencia.

—LUCAS 9:39-42

Entonces va, y toma otros siete espíritus peores que él; y entrados, moran allí; y el postrer estado de aquel hombre viene a ser peor que el primero.

—LUCAS 11:26

Dijo también el Señor: Simón, Simón, he aquí Satanás os ha pedido para zarandearos como a trigo.

—LUCAS 22:31

... trayendo enfermos y atormentados de espíritus inmundos; y todos eran sanados.

—HECHOS 5:16

... me fue dado un aguijón en mi carne, un mensajero de Satanás que me abofetee...

—2 CORINTIOS 12:7

... apagar todos los dardos de fuego del maligno.

—EFESIOS 6:16

... tenían poder para dañar a los hombres [refiriéndose a las criaturas demoníacas que salen del abismo].

—APOCALIPSIS 9:10 [NOTA DEL AUTOR]

Los demonios causan dolor y afligen a las personas. ¿Por qué? La Biblia dice: "El ladrón [Satanás] no viene sino para hurtar y matar y destruir" (Juan 10:10 nota aclaratoria).

En el libro de Lester Sumrall, *Run With the Vision* [Corre con la visión], él habla de una muchacha llamada Clarita Villanueva, un caso muy famoso en los años cincuenta. Esa joven estaba en la celda de una cárcel en Manila y era mordida por demonios ante los propios ojos de sus captores. Lester Sumrall escribe: "La radio y la prensa metropolitanas de Manila, y la prensa mundial, se hicieron eco de la sensacional historia. El *Manila Chronicle* afirmaba el 13 de mayo de 1953: 'La policía médica investiga caso de muchacha mordida por demonios'. El artículo afirmaba: 'Al menos 25 personas competentes, las cuales incluyen al Jefe de

> Sus cuerpos serán atormentados en todas partes en las llamas del infierno... los dolores del fuego del infierno serán mil veces más horribles y atormentadores. Sus cuerpos no pueden ahora soportar mucho dolor sin morir... pero en el más allá Dios fortalecerá sus cuerpos para que soporten; tendrán... sentidos más avivados y más capacidad para el dolor... Sus cuerpos rodarán y se retorcerán en llamas, y arderán con horrible dolor pero sin embargo nunca se consumirán... Yo creo que el espacio de un cuarto de hora en el infierno les parecerá más largo a los condenados que toda una vida de desgracia en este mundo.[6]
>
> —THOMAS VINCENT

policía de Manila, el Coronel Cesar Lucero, dicen que es un ejemplo muy realista de una mujer horrorizada que es mordida hasta la locura por personas invisibles. Villanueva se retorcía de dolor, gritaba con angustia... marcas de dientes, mojada de saliva... todo el tiempo, todos los testigos aseguran que ella nunca pudo morderse a sí misma. Otras personas decían con emoción: 'La muchacha está siendo ahogada por algo invisible'. Otros decían: 'Miren, aparecen marcas de dientes'. Médicos, científicos, profesores, expertos legales y hasta espiritistas han tratado de ayudarla, y todos han fracasado".

A Lester Sumrall "se le concedió una entrevista con el alcalde Lacson de Manila para acudir a ayudarla. El alcalde estaba visiblemente agitado por la desesperanza de los médicos ante fenómenos tan extraños". A Lester se le concedió permiso para orar por ella. Él entonces echó a los demonios, ellos se fueron, y ella se recuperó.[7]

¿Pueden los demonios atormentar a las personas en el infierno?

La Biblia dice que los demonios estarán en tormento junto con las personas después del día del juicio, cuando la muerte y el infierno sean echados al lago de fuego y a las tinieblas de afuera.[8] La Biblia afirma en Apocalipsis 20:10: "Y el diablo que los engañaba fue lanzado en el lago de fuego y azufre, donde estaban la bestia y el falso profeta; y serán atormentados día y noche por los siglos de los siglos".

Sin embargo, yo creo que la Escritura indica que actualmente en el infierno (*Seol* o *Hades*) Dios permite a los demonios atormentar a las almas perdidas. He enumerado los versículos que parecen dar a entender este tormento. Esto puede que no sea absolutamente concluyente en la Escritura, y algunos teólogos puede que estén en desacuerdo; sin embargo, creo que hay suficientes versículos para considerar que ese tormento es algo más que conjeturas. Lo que la Escritura afirma es lo único que importa, y no lo que yo tenga que decir. Simplemente estoy hablando de los eventos que sucedieron. Yo experimenté ese tormento, y usted puede escoger creerme o no creerme. Examine los versículos, como indica Hechos 17:11, y luego decida por usted mismo.

La Biblia nos dice que escudriñemos las Escrituras, y al hacerlo, con frecuencia debe producirse una unión de las piezas a fin de obtener una respuesta. En Isaías 28:13 leemos: "La palabra, pues, de Jehová les será mandamiento tras mandamiento, mandato sobre mandato, renglón tras renglón, línea sobre línea, un poquito allí, otro poquito allá". Proverbios 2:4 dice que busquemos sabiduría, conocimiento y entendimiento como buscaríamos "tesoros escondidos". Proverbios 25:2 afirma: "Gloria de Dios es encubrir un asunto; pero honra del rey es escudriñarlo". Por lo tanto, veamos algunos pasajes de la Escritura.

Jesús dijo en Mateo 24:51: "...y lo castigará duramente, y pondrá su parte con los hipócritas; allí será el lloro y el crujir de dientes" (ver también Lucas 12:46). La palabra griega *dichotomeo* significa "cortar; diseccionar; hacer pedazos"; 1) del cruel método de castigo utilizado por los hebreos y otros de cortar a uno en dos; 2) cortar mediante azotes, azotar severamente".

Esos dos versículos están hablando del severo castigo infligido sobre quienes están en el infierno. Algunos teólogos dicen que no significa literalmente *cortar en pedazos* o *cortar en dos*, sino meramente un tormento extremo o ser separados de Dios. Eso puede ser así o no. De cualquier manera, define el hecho de que el infierno es tormento.

Los siguientes cuatro versículos describen lo que el Señor hará a quienes están en la tierra y se rebelan contra su Palabra. Sin embargo,

¿es posible que estos versículos sirvan como castigo inclusivo también del infierno? Digo esto en particular porque en los tres primeros de esos cuatro versículos que veremos, la primera línea del versículo habla directamente del infierno o del día del juicio.

> Porque fuego se ha encendido en mi ira, y arderá hasta las profundidades del Seol... Consumidos serán de hambre, y devorados de fiebre ardiente y de peste amarga; diente de fieras enviaré también sobre ellos, con veneno de serpientes de la tierra.
>
> —DEUTERONOMIO 32:22-24

El primer versículo es sobre el infierno; el segundo es sobre el tormento en la tierra. Sin embargo, "devorados de fiebre ardiente y de peste amarga" y "diente de fieras" podrían ser términos descriptivos también del infierno.

> Me dejó en oscuridad, como los ya muertos de mucho tiempo. Me cercó por todos lados... ha hecho más pesadas mis cadenas; Aun cuando clamé y di voces, cerró los oídos a mi oración; Cercó mis caminos con piedra labrada, torció mis senderos. Fue para mí como oso que acecha, como león en escondrijos; torció mis caminos, y me despedazó; me dejó desolado.
>
> —LAMENTACIONES 3:6-11

> ¡Ay de los que desean el día de Jehová! ¿Para qué queréis este día de Jehová? Será de tinieblas, y no de luz; como el que huye de delante del león, y se encuentra con el oso... y le muerde una culebra.
>
> —AMÓS 5:18-19

... por esta causa se olvidaron de mí... y desgarraré las fibras de su corazón, y allí los devoraré como león; fiera del campo los despedazará.

—OSEAS 13:6-8

Delante de Jehová serán quebrantados sus adversarios.

—1 SAMUEL 2:10

Ligaduras del Seol me rodearon.

—2 SAMUEL 22:6

Su alma se acerca al sepulcro, y su vida a los que causan la muerte.

—JOB 33:22

... le entregó a los verdugos.

—MATEO 18:34

... y le castigará duramente... recibirá muchos azotes.

—LUCAS 12:46-47

Ni murmuréis, como algunos de ellos murmuraron, y perecieron por el destructor.

—1 CORINTIOS 10:10

Y abrió el pozo del abismo... Y del humo salieron langostas... sus dientes eran como de leones [descripción de los demonios que salen del abismo: tienen dientes de leones].

—APOCALIPSIS 9:2-8 [NOTA DEL AUTOR]

... los que os olvidáis de Dios, no sea que os despedace.

—SALMO 50:22

Observe el uso repetido de "león", "despedazado", "atormentadores" y "destructores". ¿Quiénes son los que despedazan y quiénes son los atormentadores? ¿Quién "golpea con muchos azotes" o "destruye"?

Apocalipsis 9:7-12 describe demonios que salen del abismo sin fondo. En el libro del pastor Chuck Smith, *What the World Is Coming To* [A lo que el mundo ha llegado], afirma: "… tenían un rey sobre ellos, que es el ángel del abismo [Satanás], cuyo nombre en la lengua hebrea es *Abadón*, pero en la lengua griega tiene como nombre *Apolión*… Ambos nombres significan 'destructor'. Satanás es un destructor; es el rey de esos demonios".[10]

El Dr. Grant Jeffrey, en su libro *Journey Into Eternity* [Viaje a la eternidad], extrae una analogía y pinta un cuadro para nosotros con estas palabras:

> Considere por un momento los compañeros que compartirán el Infierno con aquellos que testarudamente resistan la misericordia de Dios hasta el final: Hitler, Stalin, además de todos los otros asesinos y torturadores de la Historia... Considere por un horrible momento lo que un ciudadano normal experimentaría si fuera condenado a vivir en la peor penitenciaría de Estados Unidos, totalmente a merced de los malvados y pervertidos prisioneros. Imagine que no hubiera guardas ni barras en las celdas para protegerlo de la ira y la crueldad de los criminales inmisericordes que compartieran su celda... Sin embargo, quienes rechazan la salvación de Jesucristo hasta el final de sus vidas se enfrentarán a una situación mucho más horrible que la que he sugerido.[11]

Proverbios 15:29 dice: "Jehová está lejos de los impíos".

El infierno es un lugar vacío de todo lo bueno, porque todo lo bueno procede de Dios. Todo lo que disfrutamos, como el aire limpio, el agua potable, los alimentos, la luz del sol, la libertad, la salud, las temperaturas agradables, los paisajes hermosos, las relaciones, y otras muchas cosas, no serían posibles si no fuera por Dios. La Biblia dice: "Toda buena dádiva y todo don perfecto desciende de lo alto, del Padre de las luces" (Santiago 1:17).

El Dr. Charles Stanley, pastor principal durante treinta y cinco años de una iglesia grande y muy respetada, ha dicho: "Las personas en el infierno estarán separadas de Dios y de todo lo bueno para siempre".[12]

Yo creo que muchos de estos versículos que describen el castigo de los rebeldes sobre la tierra también revelan indicaciones de lo que implican los sufrimientos del infierno. Sin embargo, si esos versículos se refieren solamente a los sufrimientos que quienes no tienen a Dios experimentarán en la tierra, entonces ¿cuánto más severos serán en el infierno? Dejo que usted llegue a sus propias conclusiones.

Espero que este estudio le haya ayudado a ser más consciente de lo que la Biblia tiene que decir sobre este tema. Una vez más, mi experiencia es solamente para atraer la atención a la Palabra de Dios.

[CAPÍTULO 10 – NOTAS]

1. John MacArthur, "Hell—the Furnace of Fire," Cinta #GC2304 http://www.jcsm.org/StudyCenter/john_macarthur/sg2304.htm (accesado el 19 de septiembre de 2005).

2. Lutzer, *One Minute After You Die* [Un minuto después de morir], 25.

3. Smith, *What the World Is Coming To* [A lo que el mundo ha llegado], 95.

4. Chuck Missler, "Return of the Nephilim," 66/40 programa de radio con Chuck Missler, disponible como CD de audio, vídeo VHS o DVD de Koinonia House Online en http://www.khouse.org/6640/BP052 (accesado el 1 de agosto de 2005).

5. Judas 6–7.

6. Vincent, *Fire and Brimstone* [Fuego y azufre], 142–143, 149.

7. Sumrall, *Run With the Vision* [Corre con la visión], 119–129.

8. Mateo 5:20; Apocalipsis 20:14.

9. *Strong's Exhaustive Concordance,* PC Study Bible V3.2F (www.biblesoft .com: BibleSoft , 1998), s.v. *dichotomeo.*

10. Smith, *What the World Is Coming To,* 97.

11.. Jeffrey, *Journey Into Eternity* [Viaje a la eternidad], 221.

12. Stanley, *Charles Stanley's Handbook for Christian Living* [Manual de Charles Stanley para la vida cristiana], 248.

ÍNDICE DE PASAJES BÍBLICOS

Designado o asignado

1 Reyes 20:42	Así ha dicho Jehová: Por cuanto soltaste de la mano el hombre de mi anatema, tu vida será por la suya...
Job 21:17	Y Dios en su ira les reparte dolores.
Proverbios 31:8	... en el juicio de todos los desvalidos.
Mateo 24:51	... y lo castigará duramente, y pondrá su parte con los hipócritas.
Lucas 12:46	... y le castigará duramente, y le pondrá con los infieles.
Apocalipsis 21:8	... todos los mentirosos tendrán su parte en el lago que arde con fuego y azufre.

Cuerpo en el infierno

| Proverbios 1:12 | Los tragaremos vivos como el Seol, y enteros, como los que caen en un abismo. |

| Mateo 5:29 | ... todo tu cuerpo sea echado al infierno. |

| Mateo 10:28 | Temed más bien a aquel que puede destruir el alma y el cuerpo en el infierno. |

Oscuridad

| 1 Samuel 2:9 | ... Mas los impíos perecen en tinieblas. |

| Job 10:21-22 | Antes que vaya para no volver, a la tierra de tinieblas y de sombra de muerte; tierra de oscuridad, lóbrega, como sombra de muerte y sin orden, y cuya luz es como densas tinieblas. |

| Job 18:18 | De la luz será lanzado a las tinieblas, y echado fuera del mundo. |

| Job 33:28 | Dios redimirá su alma para que no pase al sepulcro, y su vida se verá en luz. |

| Job 33:30 | Para apartar su alma del sepulcro, y para iluminarlo con la luz de los vivientes. |

| Salmo 49:19 | ... Y nunca más verá la luz. |

Salmo 88:6   Me has puesto en el hoyo profundo, en tinieblas, en lugares profundos.

Proverbios 20:20   Al que maldice a su padre o a su madre, se le apagará su lámpara en oscuridad tenebrosa.

Nahum 1:8   ... y tinieblas perseguirán a sus enemigos.

Mateo 8:12   ... serán echados a las tinieblas de afuera.

Mateo 25:30   Y al siervo inútil echadle en las tinieblas de afuera.

2 Pedro 2:4   ... arrojándolos al infierno los entregó a prisiones de oscuridad...

2 Pedro 2:17   ... para los cuales la más densa oscuridad está reservada para siempre.

Judas 13   ... para las cuales está reservada eternamente la oscuridad de las tinieblas.

Apocalipsis 16:10   ... y su reino [de la bestia] se cubrió de tinieblas.

Grados de castigo

Proverbios 9:18   ... Que sus convidados están en lo profundo del Seol.

Zacarías 1:6   Como Jehová de los ejércitos pensó tratarnos conforme a nuestros caminos, y conforme a nuestras obras, así lo hizo con nosotros.

Hebreos 10:28-29   El que viola la ley de Moisés, por el testimonio de dos o de tres testigos muere irremisiblemente. ¿Cuánto mayor castigo pensáis que merecerá el que pisoteare al Hijo de Dios, y tuviere por inmunda la sangre del pacto en la cual fue santificado, e hiciere afrenta al Espíritu de gracia?

Destrucción

Job 21:30   … el malo es preservado en el día de la destrucción.

Job 31:3   ¿No hay quebrantamiento para el impío, y extrañamiento para los que hacen iniquidad?

Job 31:23   Porque temí el castigo de Dios.

Salmo 9:17   Los malos serán trasladados al Seol, todas las gentes que se olvidan de Dios.

Salmo 16:10   Porque no dejarás mi alma en el Seol, ni permitirás que tu santo vea corrupción.

Salmo 32:10   Muchos dolores habrá para el impío.

Mateo 24:51	Allí será el lloro y el crujir de dientes.
Mateo 25:30	Allí será el lloro y el crujir de dientes.
Lucas 13:3	Antes si no os arrepentís, todos pereceréis igualmente.
Lucas 16:23	Y en el Hades alzó sus ojos, estando en tormentos, y vio de lejos a Abraham.
Romanos 3:16	Quebranto y desventura hay en sus caminos.
2 Tesalonicenses 1:9	Los cuales sufrirán pena de eterna perdición, excluidos de la presencia del Señor y de la gloria de su poder.
2 Pedro 2:9	... y reservar a los injustos para ser castigados en el día del juicio.

Separación eterna

Proverbios 15:29	Jehová está lejos de los impíos.
2 Tesalonicenses 1:9	Los cuales sufrirán pena de eterna perdición, excluidos de la presencia del Señor...

Temor

Job 18:14	Y al rey de los espantos será conducido.

Job 31:23   Porque temí el castigo de Dios.

Salmo 55:4   Y terrores de muerte sobre mí han caído.

Salmo 73:18-19   En asolamientos los harás caer. ¡Cómo han sido asolados de repente! Perecieron, se consumieron de terrores.

Proverbios 10:24   Lo que el impío teme, eso le vendrá.

Hebreos 10:31   ¡Horrenda cosa es caer en manos del Dios vivo!

Fuego / arder

Deuteronomio 32:22   Porque fuego se ha encendido en mi ira, y arderá hasta las profundidades del Seol.

Job 18:15   ... Piedra de azufre será esparcida sobre su morada.

Job 31:12   Porque es fuego que devoraría hasta el Abadón.

Salmo 11:6   Sobre los malos hará llover calamidades; fuego, azufre y viento abrasador será la porción del cáliz de ellos.

Salmo 37:20   ... Y los enemigos de Jehová como la grasa de los carneros serán consumidos; se disiparán como el humo.

Salmo 140:10	Caerán sobre ellos brasas; serán echados en el fuego, en abismos profundos de donde no salgan.
Isaías 66:24	... ni su fuego se apagará.
Mateo 5:22	Cualquiera que le diga: Fatuo, quedará expuesto al infierno de fuego.
Mateo 13:30	Dejad crecer juntamente lo uno y lo otro hasta la siega; y al tiempo de la siega yo diré a los segadores: Recoged primero la cizaña, y atadla en manojos para quemarla; pero recoged el trigo en mi granero.
Mateo 18:8	... ser echado en el fuego eterno.
Mateo 18:9	... ser echado en el infierno de fuego.
Mateo 25:41	... al fuego eterno.
Marcos 9:43	... que teniendo dos manos ir al infierno, al fuego que no puede ser apagado.
Marcos 9:44	... donde el gusano de ellos no muere, y el fuego nunca se apaga.
Marcos 9:45	... que teniendo dos pies ser echado en el infierno, al fuego que no puede ser apagado.

Infierno

Salmo 139:8	Y si en el Seol hiciere mi estrado, he aquí, allí tú estás.
Proverbios 5:5	... sus pasos conducen al Seol.
Proverbios 9:18	... Que sus convidados están en lo profundo del Seol.
Proverbios 27:20	El Seol y el Abadón nunca se sacian.
Isaías 5:14	Por eso ensanchó su interior el Seol [infierno].
Habacuc 2:5	... ensanchó como el Seol su alma.
Mateo 16:18	Y las puertas del Hades no prevalecerán contra ella.
Mateo 23:33	¿Cómo escaparéis de la condenación del infierno?
Lucas 12:5	Pero os enseñaré a quién debéis temer: Temed a aquel que después de haber quitado la vida, tiene poder de echar en el infierno; sí, os digo, a éste temed.
2 Pedro 2:4	... arrojándolos al infierno...
Apocalipsis 20:14	Y la muerte y el Hades fueron lanzados al lago de fuego.

El infierno desolado (sin vida de ninguna clase)

Isaías 59:10   Estamos en lugares oscuros como muertos.

Ezequiel 26:20   Y te pondré en las profundidades de la tierra, como los desiertos antiguos, con los que descienden al sepulcro.

Humillación/vergüenza (soportadas en el infierno)

Isaías 5:14-15   Por eso ensanchó su interior el Seol, y sin medida extendió su boca... Y el hombre será humillado, y el varón será abatido.

Isaías 57:9   ... y te abatiste hasta la profundidad del Seol.

Ezequiel 32:24   Mas llevaron su confusión con los que descienden al sepulcro.

Apocalipsis 16:15   Bienaventurado el que vela, y guarda sus ropas, para que no ande desnudo, y vean su vergüenza.

Vida breve

Salmo 39:5   He aquí, diste a mis días término corto.

Salmo 102:3   Porque mis días se han consumido como humo.

Salmo 103:15-16	El hombre, como la hierba son sus días... Que pasó el viento por ella, y pereció.
Santiago 4:14	Porque ¿qué es vuestra vida? Ciertamente es neblina que se aparece por un poco de tiempo, y luego se desvanece.

Situación

Deuteronomio 32:22	Porque fuego se ha encendido en mi ira, y arderá hasta las profundidades del Seol.
Job 11:8	Es más alta que los cielos... Es más profunda que el Seol.
Job 33:24	Que lo libró de descender al sepulcro.
Job 33:28	Dios redimirá su alma para que no pase al sepulcro, y su vida se verá en luz.
Salmo 9:15	Se hundieron las naciones en el hoyo.
Salmo 28:1	Semejante a los que descienden al sepulcro.
Salmo 30:3	... para que no descendiese a la sepultura.
Salmo 30:9	... cuando descienda a la sepultura?
Salmo 40:2	Y me hizo sacar del pozo de la desesperación, del lodo cenagoso.

Isaías 38:18   Porque el Seol no te exaltará, ni te alabará la muerte; ni los que descienden al sepulcro esperarán tu verdad.

Isaías 44:23   Cantad loores, oh cielos, porque Jehová lo hizo; gritad con júbilo, profundidades de la tierra. [Se indicaba que el paraíso estaba en la parte baja de la tierra antes de la ascensión de Jesús].

Isaías 57:9   ... y te abatiste hasta la profundidad del Seol.

Lamentaciones 3:55 ... desde la cárcel profunda.

Ezequiel 26:20   Y te haré descender con los que descienden al sepulcro, con los pueblos de otros siglos, y te pondré en las profundidades de la tierra, como los desiertos antiguos, con los que descienden al sepulcro.

Ezequiel 28:8   Al sepulcro te harán descender.

Ezequiel 31:14   ... porque todos están destinados a muerte, a lo profundo de la tierra... con los que descienden a la fosa.

Ezequiel 31:16   ... cuando las hice descender al Seol con todos los que descienden a la sepultura.

Ezequiel 31:17   También ellos descendieron con él al Seol.

2 Pedro 2:4	... arrojándolos al infierno los entregó a prisiones de oscuridad...
Apocalipsis 9:1	... del pozo del abismo.
Apocalipsis 20:1, 3 9:1-2; 17:8	... del abismo.

Sin esperanza

Job 8:13	... Y la esperanza del impío perecerá.
Proverbios 11:7	Y la expectación de los malos perecerá.
Eclesiastés 9:4	Aún hay esperanza para todo aquel que está entre los vivos.
Isaías 38:18	Ni los que descienden al sepulcro esperarán tu verdad.
Lamentaciones 3:18	Perecieron mis fuerzas, y mi esperanza en Jehová.
Efesios 2:12	... sin esperanza y sin Dios en el mundo.
1 Tesalonicenses 4:13	... para que no os entristezcáis como los otros que no tienen esperanza.

Sin misericordia

Salmo 36:5	Jehová, hasta los cielos llega tu misericordia.

Salmo 62:12   Y tuya, oh Señor, es la misericordia.

Salmo 103:4   ... El que rescata del hoyo tu vida, el que te corona de favores y misericordias.

Salmo 103:17   Mas la misericordia de Jehová es desde la eternidad y hasta la eternidad sobre los que le temen.

Sin paz

Isaías 57:21   No hay paz, dijo mi Dios, para los impíos.

Ezequiel 7:25   Destrucción viene; y buscarán la paz, y no la habrá.

Sin propósito

Salmo 6:5   Porque en la muerte no hay memoria de ti.

Salmo 88:5   ... De quienes no te acuerdas ya.

Salmo 88:12   ... en la tierra del olvido...

Proverbios 10:28   ... Mas la esperanza de los impíos perecerá.

Eclesiastés 6:4   ... y con tinieblas su nombre es cubierto.

Eclesiastés 9:10   ... porque en el Seol, adonde vas, no hay obra, ni trabajo, ni ciencia, ni sabiduría.

Sin descanso (del tormento, tampoco descanso físico o sueño)

Isaías 57:20   ... que no puede estarse quieto.

Apocalipsis 14:11   Y el humo de su tormento sube por los siglos de los siglos. Y no tienen reposo de día ni de noche.

Olor/hedor

Marcos 9:25   [Jesús] reprendió al espíritu inmundo.

Apocalipsis 18:2   ... guarida de todo espíritu inmundo.

Sepulcro/pozo

Job 33:24   Que lo libró de descender al sepulcro.

Job 33:28   Dios redimirá su alma para que no pase al sepulcro.

Job 33:30   ... Para apartar su alma del sepulcro, y para iluminarlo con la luz de los vivientes.

Job 33:18   Detendrá su alma del sepulcro.

Salmo 30:3   ... para que no descendiese a la sepultura.

Salmo 30:9   ... cuando descienda a la sepultura...

Salmo 40:2   Y me hizo sacar del pozo de la desesperación.

Salmo 55:23   Mas tú, oh Dios, harás descender aquéllos al pozo de perdición.

Salmo 143:7   No escondas de mí tu rostro, no venga yo a ser semejante a los que descienden a la sepultura.

Isaías 38:17   Mas a ti agradó librar mi vida del hoyo de corrupción...

Isaías 38:18   Porque el Seol no te exaltará, ni te alabará la muerte; ni los que descienden al sepulcro esperarán tu verdad.

Ezequiel 32:23   Sus sepulcros fueron puestos a los lados de la fosa.

Ezequiel 32:25   Mas llevaron su confusión con los que descienden al sepulcro.

Ezequiel 32:29   ... y con los que descienden al sepulcro.

Ezequiel 32:30   Y comparten su confusión con los que descienden al sepulcro.

Apocalipsis 9:1   Y se le dio la llave del pozo del abismo.

Apocalipsis 9:2   Y abrió el pozo del abismo, y subió humo del pozo como humo de un gran horno.

Apocalipsis 11:7   ... la bestia que sube del abismo...

Apocalipsis 17:8   ... La bestia que has visto, era, y no es; y está para subir del abismo.

Apocalipsis 20:3   ... y lo arrojó al abismo.

Prisión

Proverbios 7:27   ... Camino al Seol es su casa, que conduce a las cámaras de la muerte.

Isaías 24:22   Y serán amontonados como se amontona a los encarcelados en mazmorra, y en prisión quedarán encerrados, y serán castigados después de muchos días.

Blasfemia

Ezequiel 22:26   ... y yo he sido profanado en medio de ellos [lenguaje vulgar y blasfemo].

Ezequiel 28:14-16   Tú, querubín grande, protector... y te arrojé de entre las piedras del fuego, oh querubín protector [Satanás profano].

Juez justo

Deuteronomio 16:18   ... los cuales [jueces] juzgarán al pueblo con justo juicio.

Deuteronomio 16:20   La justicia, la justicia seguirás.

Deuteronomio 32:4   ... Porque todos sus caminos son rectitud; Dios de verdad, y sin ninguna iniquidad en él; es justo y recto.

Salmo 7:9   ... Porque el Dios justo prueba la mente y el corazón.

Salmo 96:10   [Dios] Juzgará a los pueblos en justicia.

Salmo 96:13   Juzgará al mundo con justicia, y a los pueblos con su verdad.

Proverbios 11:1   ... Mas la pesa cabal le agrada.

Proverbios 17:26   ... Ni herir a los nobles que hacen lo recto.

Eclesiastés 3:17   Al justo y al impío juzgará Dios.

Isaías 45:21   ... Dios justo y Salvador.

Zacarías 8:16   Juzgad según la verdad y lo conducente a la paz en vuestras puertas.

Hechos 17:31   Juzgará al mundo con justicia.

Sed

Zacarías 9:11   Yo he sacado tus presos de la cisterna en que no hay agua.

Tormento en la tierra de Satanás o los demonios

1 Reyes 18:28	... y se sajaban con cuchillos... hasta chorrear la sangre sobre ellos.

Tormento en el infierno

Salmo 74:20	... Porque los lugares tenebrosos de la tierra están llenos de habitaciones de violencia.
Salmo 116:3	... Me encontraron las angustias del Seol; angustia y dolor había yo hallado.
Amós 5:18-19	Será de tinieblas, y no de luz... como si entrare en casa y apoyare su mano en la pared, y le muerde una culebra.
Mateo 24:51	... y lo castigará duramente... allí será el lloro y el crujir de dientes.
Lucas 12:47-48	... recibirá muchos azotes... será azotado poco.

Gusanos

Job 21:26	Igualmente yacerán ellos en el polvo, y gusanos los cubrirán.
Job 24:20	De ellos sentirán los gusanos dulzura.
Isaías 14:11	Gusanos serán tu cama, y gusanos te cubrirán.

Isaías 66:24   ... porque su gusano nunca morirá.

Marcos 9:44   ... donde el gusano de ellos no muere.

Marcos 9:46   ... donde el gusano de ellos no muere.

Marcos 9:48   ... donde el gusano de ellos no muere.

Ira

Éxodo 15:7   Enviaste tu ira.

Job 21:30   Que el malo es preservado en el día de la des-
                     trucción. Guardado será en el día de la ira.

Job 31:23   Porque temí el castigo de Dios.

Salmo 73:27   Porque he aquí, los que se alejan de ti perecerán;
                     Tú destruirás a todo aquel que de ti se aparta.

Salmo 90:7-11   Porque con tu furor somos consumidos, y
                     con tu ira somos turbados... ¿Quién conoce el
                     poder de tu ira?

Proverbios 11:23   Mas la esperanza de los impíos es el enojo.

Isaías 66:15   ... para descargar su ira con furor.

Jeremías 4:4   ... no sea que mi ira salga como fuego, y se
                     encienda y no haya quien la apague.

Lamentaciones 4:11	Cumplió Jehová su enojo, derramó el ardor de su ira.
Juan 3:36	Sino que la ira de Dios está sobre él.
Romanos 1:18	Porque la ira de Dios se revela desde el cielo contra toda impiedad e injusticia.
Romanos 5:9	Seremos salvos de la ira.
1 Tesalonicenses 1:10	... a Jesús, quien nos libra de la ira venidera.
2 Tesalonicenses 1:8	... para dar retribución a los que no conocieron a Dios.
2 Tesalonicenses 1:9	Los cuales sufrirán pena de eterna perdición.
Hebreos 10:31	¡Horrenda cosa es caer en manos del Dios vivo!
2 Pedro 2:9	... y reservar a los injustos para ser castigados en el día del juicio.

Comentarios sobre el infierno desde el "Salón de la Fama"

Muchas personas han estudiado la Palabra de Dios y otros recursos para entender el tema del infierno. Con frecuencia su estudio se basa en experiencias personales propias o las experiencias de otros; y a menudo es estudiado minuciosamente en los anales de la teología y el hecho histórico. En mi estudio sobre el tema después de mi experiencia en el infierno, algunos de esos "Famosos del Salón de la fama" me han proporcionado una perspectiva y un apoyo tremendos de lo que yo experimenté por mí mismo en el infierno.

En la Parte II, Investigación tras el regreso: Preguntas y respuestas sobre el infierno, y en el Apéndice A, el índice de pasajes bíblicos, le he proporcionado la información y el conocimiento de la Escritura acerca del infierno que recopilé durante mi propio estudio. Sin duda alguna, lo que la Palabra de Dios tiene que decir sobre el infierno —o sobre cualquier otro tema— es la autoridad para su vida y la mía.

Conforme ha ido leyendo mi libro, ha podido leer muchas citas del "Salón de la fama" acerca del tema del infierno, las cuales se insertaron como evidencia adicional de las realidades de lo que yo vi durante mi experiencia. Sin embargo, también puede encontrar útil leer las citas adicionales de esos "Famosos" que se incluyen en este apéndice.

Las Asambleas de Dios

Habrá un juicio final en el cual los muertos malvados serán resucitados y juzgados según sus obras. Cualquiera que no se halle escrito en el Libro de la Vida, junto con el diablo y sus ángeles y la bestia y el falso profeta serán consignados al castigo eterno en el lago que arde con fuego y azufre, que es la muerte segunda. (Mateo 25:46; Marcos 9:43; Apocalipsis 19:20; 20:11-15; 21:8).[1]

Coral Ridge Presbyterian Church

Cuando muere, el alma del hombre deja su cuerpo y va, o bien al cielo o bien al infierno... los impenitentes y los no salvos serán lanzados a las tinieblas de afuera para siempre. Tristemente, declaramos que creemos en el castigo eterno consciente de los no salvos.[2]

Edward Donnelly

La doctrina del infierno debiera, al menos, conducirnos a agradecer más de lo que lo hacemos el amor y los méritos del Señor Jesucristo... ¿De cuánto hemos sido salvados?[3]

La doctrina del infierno debería hacer que los creyentes estén supremamente contentos, agradecidos a Dios en toda circunstancia de la vida.[4]

Jonathan Edwards

El castigo eterno no es la aniquilación eterna. Sin duda, ellos no serán resucitados para vida en el día final solamente para ser aniquilados[5]

Millard J. Erickson

Nada en la Escritura indica que habrá oportunidad de creer después de un periodo preliminar de castigo.[6]

John MacArthur

Nadie en la Escritura habló más del juicio que Jesús. Él habló de pecados que no podían ser perdonados, del peligro de perder el alma para siempre, de pasar la eternidad en los tormentos del infierno, o de existir para siempre en las tinieblas de afuera, donde será el llanto y el crujir de dientes.[7]

Chuck Missler

Se advierte a los pecadores: "huir de la ira venidera" (Mateo 23:33; Lucas 3:7). En el juicio final, cada persona será resucitada y juzgada individualmente, y se rendirán cuentas de cada detalle de cada una de nuestras vidas (cada pensamiento, cada motivo, cada intención)... ¿qué hicimos con lo que sabíamos? Todas las religiones ciertamente conducen a Dios: ¡como Juez! (No serán Buda, Mahoma o cualquier otro dios pagano los que se sienten como jueces). El Padre ha dado toda autoridad a Jesucristo.[8]

Christopher W. Morgan

La siguiente descripción del infierno [refiriéndose a la sección de este libro después de su cita] se repite a lo largo de casi todos los escritores del Nuevo Testamento. Cada autor describe el infierno como castigo o como juicio... Por lo tanto, las tres descripciones predominantes del infierno que emergen de este estudio son: el infierno como castigo, destrucción y destierro.[9]

Robert A. Peterson

En la muerte, las almas de los salvos van de inmediato a la gozosa presencia de Cristo en el cielo, mientras que las almas de los perdidos van de inmediato a un infierno intermedio... en el juicio final... castigo eterno para los malvados en el lago de fuego.[10]

O. C. Quick, Profesor de Teología en Oxford

El esfuerzo de la enseñanza universalista en el Nuevo Testamento apenas puede considerarse por una mente imparcial como algo conclusivo.[11]

Solomon Stoddard (abuelo de Jonathan Edwards)

HEl temor al infierno refrena a los hombres del pecado. El infierno se compara a Sodoma, cuando ardía por completo (Apocalipsis 21:8). Cualesquiera que sean las angustias del infierno, serán eternas. La duración de su angustia no puede medirse... Esto hace que cada parte de su angustia sea infinita... Los hombres bien podrán decir: "¿Quién puede morar con fuegos eternos?".[12]

Confesión de Fe de Westminster

Las almas de los justos, siendo entonces hechas perfectas en santidad, son recibidas en los cielos... Las almas de los impíos son lanzadas al infierno, donde permanecen en tormentos y tinieblas de afuera, reservadas para el juicio del gran día. Además de esos dos lugares para las almas separadas de sus cuerpos, la Escritura no reconoce ningún otro.[13]

Catecismo Mayor de Westminster

Los castigos del pecado en el mundo venidero son la separación eterna de la consoladora presencia de Dios, y los tormentos más horribles en alma y cuerpo, sin interrupción, en el infierno para siempre.[14]

[APÉNDICE B – NOTAS]

1. "Castigo eterno", documento de postura del Consejo General de las Asambleas de Dios (USA), adoptado por el Presbiterio General de las Asambleas de Dios, 17 de agosto de 1976; http://ag.org/top/beliefs/position_papers/4172_eternal_puni shment.cfm (accesado el 20 de septiembre de, 2005).

2. "El estado final del hombre", Declaración teológica de Coral Ridge Presbyterian Church, http://www.crpc.org/2000/ About%20CRPC/theological6.html (accesado el 20 de septiembre de 2005).

3. Donnelly, *Heaven and Hell* [El cielo y el infierno], 55.

4. Ibid., 53.

5. Jonathan Edwards, *The Complete Works of Jonathan Edwards* [Obras completas de Johathan Edwards], capítulo II, "Of Endless Punishment: Concerning the Endless Punishment of Those Who Will Die Impenitent" Del castigo eterno: con respecto al castigo eterno de quienes morirán impenitentes] http://www.ccel.org/ccel/edwards/works2.xi.ii.html (accesado el 20 de septiembre de 2005).

6. *Christian Theology* [Teología cristiana], segunda ed., 1243.

7. John MacArthur, *The MacArthur Bible Commentary* [Comentario MacArthur de la Biblia], (Nashville, TN: Nelson Books, 2005), 111, s.v. Mateo 25:31–45.

8. Chuck Missler, "A Timely Study, the Epistles of John" [Un oportuno estudio de las Epístolas de Juan] (serie de cintas, Juan 5:27) de Koinonia House Online at http://khouse.org /articles/2001/384/, leído el 1 de agosto de 2005.

9. Christopher Morgan, et al., *Hell Under Fire* [El infierno bajo fuego], 142.

10. Robert Peterson, *Hell on Trial* [El infierno a juicio*]*, 168.

11. J. I. Packer, et al., *Hell Under Fire* [El infierno bajo fuego], 183.

12. Solomon Stoddard, *The Fear of Hell Restrains Men From Sin* [El temor al infierno refrena a los hombres del pecado], ed. Don Kistler (Morgan, PA: Soli Deo Gloria Publications, 2003), 16–17.

13. Confesión de Fe de Westminster, Capítulo XXXII: "Of the State of Man After Death and the Resurrection of the Dead" [Del estado del hombre después de la muerte y la resurrección de los muertos], http://www.reformed.org/documents/ (accesado el 4 de agosto de 2005).

14. Catecismo Mayor de Westminster, Pregunta 29, http://www.reformed.org/documents/larger1.html (accesado el 4 de agosto de 2005).

[Bibliografía]

LIBROS

American Heritage Dictionary of the English Language, The, New College Edition, edited by William Morris. Boston, MA: Houghton Miffl in Co., 1981.

Amplified Bible, The. Grand Rapids, MI: Zondervan, 1954.

Ankerberg, John and John Weldon. *Knowing the Truth About Reality and the Bible*. Eugene, OR: Harvest House Publishers, 1997.

Barton, David. *Original Intent*. Aledo, TX: WallBuilder Press, 2000.

Baxter, Mary K. *A Divine Revelation of Hell*. New Kensington, PA: Whitaker House, 1993.

Comfort, Ray. *Hell's Best Kept Secret*. New Kensington, PA: Whitaker Press, 1989.

DeMoss, Arthur S. *The Rebirth of America*. West Palm Beach, FL: Arthur DeMoss Foundation, 1986.

Dictionary of Biblical Imagery, edited by Leland Ryken, James C. Wilhoit, and Tremper Longman III. Downer's Grove, IL: InterVarsity Press, 1998.

Donnelly, Edward. *Biblical Teaching on the Doctrines of Heaven and Hell.* Edinburgh, UK: The Banner of Truth Trust, 2001.

Eby, Richard E., DO. *Caught Up Into Paradise.* Grand Rapids, MI: Fleming H. Revell, 1978.

Graham, Billy. *Angels: God's Secret Agents.* Nashville, TN: W Publishing Group, 2000.

Graham, Franklin. *The Name.* Nashville, TN: Thomas Nelson, Inc., 2002.

Jeffrey, Grant R. *Journey Into Eternity.* Minneapolis, MN: Waterbrook Press, 2000.

―――. *Remarkable Evidence of God's Design.* Toronto, Canada: Frontier Research Publications, Inc., 2003.

―――. *The Signature of God.* Toronto, Canada: Frontier Research Publications, Inc., 1996.

Lutzer, Erwin W. *One Minute After You Die.* Chicago, IL: Moody Press, 1997.

MacArthur, John. *The John MacArthur Study Bible.* Nashville, TN: Thomas Nelson Bibles, 1997.

McDowell, Josh. *Evidence That Demands a Verdict*, Volume 1. Nashville, TN: Thomas Nelson Publishers, 1972.

————. *More Than a Carpenter*. Wheaton, IL: Tyndale House, 1977.

McDowell, Josh and Don Stewart. *Reasons Skeptics Should Consider Christianity*. San Bernardino, CA: Here's Life Publishers, Inc., 1981.

Mears, Henrietta C. *What the Bible Is All About*. San Bernardino, CA: Regal Books, 1983.

Missler, Chuck and Nancy Missler. *Tomorrow May Be Too Late*. Coeur d'Alene, ID: The King's Highway Ministries, 2004.

Morris, Henry. *Defending the Faith*. Green Forest, AR: Master Books, Inc., 1999.

Morgan, Christopher W. y Robert A. Peterson, eds. *Hell Under Fire*. Grand Rapids MI: Zondervan Publishing House, 2004.

Nelson's New Illustrated Bible Dictionary. Nashville, TN: Thomas Nelson Publishers, 1995.

Peterson, Robert A. *Hell on Trial*. Phillipsburg, NJ: Presbyterian and Reformed Publishing Co., 1995.

Smith, Chuck. *What the World Is Coming To*. Costa Mesa, CA: The Word for Today, 1977.

Spurgeon, C. H. *The Soulwinner.* New Kensington, PA: Whitaker House, 1995.

Stanley, Charles. *Charles Stanley's Handbook for Christian Living.* Nashville, TN: Thomas Nelson Publishers, 1996.

Stoddard, Solomon. *The Fear of Hell Restrains Men From Sin.* Morgan, PA: Soli Deo Gloria Publications, 2003.

Strobel, Lee. *The Case for Faith.* Grand Rapids, MI: Zondervan Publishing House, 2000.

Sumrall, Lester. *Run With the Vision.* Springdale, PA: Whitaker House, 1995.

———. *Alien Entities.* Springdale, PA: Whitaker House, 1995.

Strong, James. *Strong's Exhaustive Concordance.* Nashville, TN: Abingdon, 1980.

The Origin of the Bible, edited by Philip Wesley Comfort. Wheaton, IL: Tyndale House Publishers, Inc., 1992.

Thompson Chain Reference Bible, The, Fourth Improved Edition, King James Version. Indianapolis, IN: B. B. Kirkbride Bible Company, Inc., 1964.

Tozer, A. W. *The Knowledge of the Holy.* New York: Walker and Company, 1961.

USS *Indianapolis* (CA-35) Survivors. *Only 317 Survived!* Indianapolis, IN: Printing Partners, 2002.

Vincent, Thomas. *Fire and Brimstone*. Morgan, PA: Soli Deo Gloria Publications, 1999.

Vine, W. E. *Vine's Expository Dictionary of Old and New Testament Words*. Grand Rapids, MI: Fleming H. Revell & Co., 1981.

Wesley, John. *Men of Faith*. Minneapolis, MN: Bethany House Publishers, 1943.

MATERIAL AUDIOVISUAL

Ankerberg, John. "Hell: Real or Imagined," Stealing the Mind of America Conference, 1996. ComPass International, 460 Canfield, Ste. 1000, Coeur d'Alene, ID 83814.

"Death and Beyond," VHS, 1993. TBN, P. O. Box A, Santa Ana, CA 92711. Lakewood Television Production.

Missler, Chuck. "Return of the Nephilim," 1998. VHS Tape. From Koinonia House, at P. O. Box D, Coeur d'Alene, ID 83816-0347.

Rawlings, Dr. Maurice. "To Hell and Back," 1999. TBN, P. O. Box A, Santa Ana, CA 92711.

Para más información
puede ponerse en contacto con el autor en:
Soul Choice Ministries
P. O. Box 26588
Santa Ana, CA 92799
E-mail: soulchoice@sbcglobal.net
Página Web: www.soulchoiceministries.org

Conozca a Dios
como nunca antes

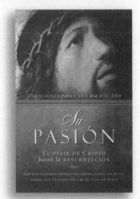

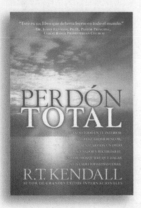

Transformadores
Impactantes · Exitosos

PREPÁRESE PARA ENTRAR EN SU PRESENCIA...

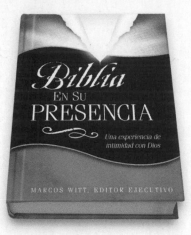

Y EXPERIMENTAR LA VERDADERA INTIMIDAD.

Marcos Witt, editor ejecutivo.
Contribuidores: Danilo Montero, Marco Barrientos,
Fuchsia Pickett, Sergio Scataglini, John Bevere,
Jesús Adrián Romero, Mike Bickle, Mike Herron,
Judson Cornwall, Ron Kenoly, Kingsley Fletcher
y muchos más.

Disponible en su librería cristiana más cercana.
www.casacreacion.com
407-333-7117 • 800-987-8432

36700

VidaCristiana

La revista para latinos cristianos

Tenemos la misión de ayudar a nuestros lectores a ser lo que Dios desea. Eso lo logramos a través de secciones como:

- ❖ Entrevistas a líderes
- ❖ Noticias de lo que Dios está haciendo alrededor del mundo
- ❖ Columnas escritas por líderes como: Marcos Witt, Tommy Moya, Joyce Meyer, Dr. James Dobson, y muchos más
- ❖ Secciones para hombres, mujeres, jóvenes y niños
- ❖ Testimonios y un amplio devocionario

*"**Vida Cristiana** es un verdadero instrumento de unidad en el Cuerpo de Cristo. Es una revista que yo recomiendo personalmente. Los animo a suscribirse hoy."* **–Marcos Witt**

¡GRATIS!